# 子どものドキッとする性の質問にちゃんと答えるBook

有川淑恵
助産師・不妊症看護認定看護師

永岡書店

# はじめに

はじめまして、助産師の有川淑恵です。

このたびは本書を手に取ってくださったことに感謝いたします。

この本をご覧になっているということは、きっとお子さんの「性教育」についてお悩みでしょうか。その気持ち、私もとってもよくわかります。

臨床の場でも子育て中の方から、子どもに「性」をどう教えたらいいんだろうと相談を受けることもしばしばあります。

「性教育」という言葉を聞くだけで一瞬ドキッとしてしまうでしょうし、思わず身がまえてしまいますよね。でも、「性」の話は「生」の話でもあり、生きていくためには避けては通れないものです。子どもにきちんと伝えることがとても大切です。

ただ、大切とわかってはいても、いざ子どもに教えようとすると何をどう話せばいいのかわからない……。大人が迷っているうちに、お友だちから聞いていたりネットで検索していたりする子もいて、「そんなことまで知っているの!?」とおどろくこともあるでしょう。

この本では、子どもから「性」にまつわる質問や相談をされたときに、親がどのように答えたらいいか、就学前の3歳から思春期にさしかかる10歳のお子さんの素朴な疑問や興味に対する言葉がけのヒントをお伝えします。

「3歳から教えるのは早すぎるのでは？」と思われる方がいらっしゃるかもしれません。

しかし、まだ幼いわが子に「赤ちゃんってどうやってうまれるの？」「エッチってなあに？」などと聞かれたりしていませんか？　そのとき、「まだ教える必要はないだろう」と思っていませんか？

大事なことは、子どもが「性」に関心をもったときが「性教育」のベストなタイミングだということです。

親は話をはぐらかしたり、うやむやに答えたりせずに、子どもの問いに真剣に向き合い、そして正しい知識を伝えることが大切です。

子どもに突然、「教えて」と言われても戸惑うことがないよう、適切な言葉がけができるようになって、子どもの健やかな成長をうながしましょう。

助産師・不妊症看護認定看護師　有川 淑恵

## 第1章【就学前】

## 3～6歳の子どもの「性」の疑問に答える
# 心をたがやす言葉がけ

age 3 to 6

## 第2章【就学後】

## 7～10歳の子どもの「性」の疑問に答える ライフスキル教育につながる言葉がけ

age 7 to 10

# 家庭での「性教育」は子どもが「生き方」を学ぶ機会

## 家庭での「性教育」はとっても大事なこと

子どもの「性教育」は今、幼児期から始まっています。

幼い子どもに「性」を教えるといっても、性器や生殖の話、つまりセックス（性行為）だけにふれるわけではありません。男女のからだのちがいなどの科学的知識や、自分のからだの大切さ、からだの権利（自己決定権）といった子どもの人権にかかわることを教えるのも「性教育」です。性行為を教えるにしても、命の尊さを伝

えることが目的になります。

一方、学校教育においては、文部科学省が教育基準を示した学習指導要領に「人の受精に至る過程は取り扱わないものとする」※1と定められており、「月経」や「精通」は授業で教えますが「性行為」そのものについてはほとんどふれません。

子どもたち一人ひとりの成長速度や発達状況、心理的変化はさまざまです。学校の先生が規定に従って行う、通り一遍の授業をみんなで聞いているだけでは、十分な「性教育」がなされているとはいえません。だからこそ、家庭での「性教育」が必要なのです。

その子の発育や理解度に合わせた個別指導ができるのは親であり、また、信頼関係がしっかりと築かれた大人から「性」について学ぶことが子どもにとって重要です。だからこそ、家庭で「性教育」を行うことがもっとも理想的であると私は考えます。

そして、10歳ごろまでに「性」に関する正しい知識が身につくよう、幼少期から「性教育」を始め、子どもにわかりやすく正確に情報を伝えることが大切です。

国際連合教育科学文化機関（ユネスコ）が発表した『国際セクシュアリティ教育ガイダンス』（2018年改訂版）では、性と生殖に関する健康と権利（SRHR）※2など

※1 小学校学習指導要領（平成29年告示）第5学年・理科に記載。また、中学校指導要領（同）第1学年・保健体育（保健分野）には「妊娠の経過は取り扱わないものとする」と記載されており、これらは性に関する「はどめ規定」と呼ばれている

※2「性と生殖に関する健康と権利」（Sexual and Reproductive Health and Rights）：身体的・精神的・社会的な幸福がすべて満たされている状態のこと。すべての人が有する権利として、世界が目指すべき指針となっている

幅広い内容を扱う「包括的セクシュアリティ教育」が推奨されており、5歳から「性」を含む教育カリキュラムが組まれています。「性」を長らくタブー視してきた日本は世界に遅れをとっているのです。

「性教育」の〝はじめの一歩〟がきちんとしていれば、その後、子どもたちが「性」についてまちがった認識をもつことはないと、私は信じています。子どもが自分や他人の心とからだを大切にできるよう、これからいっしょに子どもへの言葉がけを学んでいきませんか。

## 家庭での「性教育」を「ライフスキル教育」に

日本で行われている「性教育」では、「性」＝「生」を学ぶ機会であるにもかかわらず、結婚・妊娠・出産について詳細にふれることはありません。

例えば、妊娠や出産にかかわる権利や制度、保障などについて、かつて学校の先生や親から教えてもらったでしょうか？「性教育」は不十分なのに、妊娠したら「女性の自己責任」という現状はおかしいですよね。

これまで私たちが受けてきた「性教育」では、子どもたちがよりよい「生き方」

を選択するための知恵を身につけることはできません。

そこで私は「性教育」＝「ライフスキル※3教育」であるととらえ、「性教育」を通じて次のことが実現できると考えています。

- **「よりよい人生」を生きるための必要な知識が得られる**
- **女性の「ライフプラン」の複雑さを男女がともに認識できる**
- **「性差」（社会的・心理的ちがい）の理解につながる**
- **日本社会の実情を知ったうえで「生き方」を選択することができる**

まずは私たち大人が「性」をタブー視せずに、家族やパートナーと気軽に話し合いませんか？　家庭の中で「性」の話題をもっと身近なものにしませんか？「性」について自然に話ができる家庭環境を整えることで、子どもたちが大人になる過程で「性教育」から多くを学び、豊かな人生を歩んでいけるようになることを願っています。

※3「ライフスキル」（Life Skills）：日常生活の中で生じるさまざまな問題や要求に対して、建設的かつ効果的に対処するために必要な心理社会的能力（世界保健機関での定義）

# 第1章【就学前】

## 3〜6歳の子どもの「性」の疑問に答える

# 心をたがやす言葉がけ

age 3 to 6

# 就学前の子どものための「おうちの環境づくり」

## 子どもへの「共感」を心がけましょう

子どもと親がたくさん話をすることは、とっても大切なことです。日ごろの親子の会話を通じて、家庭内で子どもの「心理的安全性」を高めてあげましょう。

「心理的安全性」とは、自分の考えや気持ちをだれに対してでも安心して発言できる状態のことです。子どもにとって家庭が〝心の安全基地〟であ

れば、子どもは安心して自分をさらけ出すことができます。

また、子どもの「性教育」を始めるときに親がもっとも大事にしてほしいこと。それは、子どもへの「共感」を心がけることです。

子どもが不思議に思っていることを口にしたり、自分の考えを行動に移したときに、「それはおかしい」と決めつけたり、「まちがっている」と否定したり、「子どもにはまだ早い」と退けたりしないでください。「**それはおもしろい考えだね**」と、まずは子どもの発言をきちんと受け止め、「**なんでそう思ったの?**」と、その思いを聴いてあげましょう。

- **どんなことを言っても怒られない**
- **自分の思いをちゃんと受け止めてもらえる**
- **いつもスマイルを返してもらえる**

この3拍子がそろうと子どもの心が安定し、成長してからも親に自分のことを話しやすくなります。「性」の話も含めて、どんなことでもいいので、子どもの話を聴いて、やわらかく受けとめるような時間をつくってくださいね。

## しつもん

# 人がいるところで「うんち」「ちんちん」って言っちゃダメなの？

幼い子どもは、ところかわまず「うんち！」「ちんちん！」と大きな声でさけんでは、ママやパパを困らせます。はしゃいで言うことをきかない子を、「汚いでしょ！」「下品な言葉はダメ！」としかりつけてもよい効果は得られません。その代わり、こんなふうに伝えてみてはいかがでしょう？

## こたえ

# パンツで隠れているところは、とっても大切なところなんだよ。お外では大きな声で言わないでね。

**いいかえ**

お外だと他の人がびっくりしちゃって、
ママ、困っちゃうなあ。

**いいかえ**

「ちんちん」って言葉、好きなんだね。
「うんち」って言うの、
そんなに楽しいのかな？

## POINT

3歳くらいから小学校低学年くらいまでの子が、よく口にする言葉ですよね。実は、子どもたちが「性」に興味をもつのはとっても自然なこと。ですので、「そんな言葉、言ってはダメ！」と怒らずに、**「おうちの中でなら言ってもいいよ」**とお約束しましょう。

## 解説
# 子どもの目を見てしっかりお約束を！

「うんち」や「ちんちん」という言葉に、大人たちは慌てふためいたり、苦笑いをしたり、そんな大人の反応は子どもにとってはうれしいもので、楽しくなって連呼する子も多いでしょう。

ただ、外で大きな声でさけばれたり、人前で言われたりすると、親は頭を抱えてしまいますよね。そんなときは、順を追って子どもに言葉をかけましょう。

まずは、「**ちんちんが好きなんだね**」と子どもの気持ちを受け止めてあげます。

続いて、「**パンツで隠れているところは、あなたの大切なところなんだよ**」と教えてあげて、「**だから、お外では大きな声で言わないでね**」と目を見て伝えてみてください。これが子どもとのお約束になります。なかなか言うことをきいてくれなくても、くり返しくり返し、根気強く伝えましょう。

そして、家の中では思う存分、「うんち」や「おしっこ」「ちんちん」と言わせてあげてください。そのうちに飽きて、小学校中学年～高学年くらいにはそれらの言葉に興味を示さなくなりますよ。

食べ物を「うんち」扱いしているわけではないけれど……。食べ物は大切だということを子どもに教えてあげましょう。

しつもん

# 「はずかしい」ってどういうこと？

「はずかしい」という感情が芽生えると、子どもは戸惑うでしょう。はずかしいと思う瞬間はさまざまあるので、この気持ちを言葉で伝えようとするのはむずかしいかもしれませんが、はずかしいと感じられるのはとっても大事なことなんです。子どもの「はずかしさ」がどういうものなのか、親も向き合ってみましょう。

こたえ

# はずかしいって、心がなんだかむずがゆくなる感じかな？

**POINT**

はずかしがる行動には、子どもの不安な気持ちが隠れています。しかし、「羞恥心」は心の弱さの表れではなく、実は自分を守るために必要な感情なのです。子どもがママの後ろに隠れてしまっても、「ほら、はずかしがらないで！」などと注意をせずに、ありのままの子どもの姿を見守ってあげましょう。

## こんないいかえもOK！

こたえ

**はずかしいって思うのは、あなたを守るための大切な気持ちなんだよ。よく気づけたね。**

**POINT**

「はずかしい」と思うことは、自分の身を守ることにつながります。「羞恥心」が強くなると、ときに嫌悪感や恐怖心もいっしょにうまれます。P.27でお伝えする「プライベートゾーン」を守ることにもかかわってくるので、はずかしいと感じることは大切であると子どもに伝えてあげましょう。

解説

# 「はずかしい」気持ちが子どもを守る!

「はずかしい」という気持ちはだれもがもっている感情で、辞書を引いてみると「自分の欠点・過失などを自覚して体裁悪く感じるさま」「てれくさい」などと書かれています。例えば、同じような失敗をしても、はずかしいと感じる人とそうでない人がいて、その感じ方も人それぞれちがいますよね。

だいたい5～6歳くらいになると「はずかしさ」が出てきて、自分と他人を比べるようになったり、人の気持ちや立場を理解できるようになったりします。「人の目」を意識するようになると、「外でははずかしい」と感じるようにもなって社会性を学ぶことにつながります。また、まわりの評価や信用を失いかけたときには、はずかしい気持ちが発動して自分の立場を守ろうとします。そう考えると、はずかしい気持ちは社会生活を送るうえで、なくてはならないものだといえるでしょう。

子どもがその感情に気づけたことはとてもすばらしいことであり、自分自身を守るための基本的な能力が備わってきたことは、親にとっても喜ばしいことなのです。はずかしがるようになった子どもをほめてあげましょうね。

しつもん

# 「プライベートゾーン」ってどこ?

幼い子どものなかには、おしりやちんちんをペロンと出してしまう子がいたり、はだかになりたがる子がいたり、お友だちのプライベートゾーンをさわってしまう子がいたりしますよね。そんなちょっと困った子どもたちに、からだには大切にすべきところがあることを教えてあげましょう。

## こたえ

# プライベートゾーンは、あなただけのもの。水着で隠れるところ、全部だよ。マスクで隠れるお口も大切だからね。

**プラスして**

プライベートゾーンは人に見せたり、さわらせたりしてはダメだよ。あなたのからだは大切だからね。

**プラスして**

もしプライベートゾーンをさわられて、自分が「いやだ」と思ったら、「やめて」って言っていいんだよ。

## POINT

プライベートゾーンは、胸・おしり・性器・口です。それを「いやらしい」「汚い」などのネガティブな表現で、子どもに伝えてしまうことのないように、「他のからだの部分とはちがう特別なところ」という意識をもってもらいましょう。

# 解説 プライベートゾーンは防犯の知恵

「プライベートゾーン」とは、自分のからだの大切なところ。※「だれかに見せても、さわらせてもいけない、性に関係のある自分の大切なところ」です。おむつ替えや着替え、入浴、医療機関での診察など、日常生活の中で必要な場合をのぞいて、本人の同意なく（意思を無視して）、他人が見たりさわったりしてはいけません。子どもにはわかりやすく、「水着で隠れる部分（胸・おしり・性器）と口」であると教えましょう。プライベートゾーンをしっかり教えておくことで、「どこを」見せたり見せられたり、さわったりさわられたりしたら「おかしい」のかがわかるようになります。そして、それを「いやだ」と断っていいと伝えることができ、性犯罪から「自分で自分の身を守る」ことができるようになります。また、お友だちのからだを大切にする気持ちも育むことができます。

実は、たとえ親であっても、子どものからだにさわるときには配慮が必要です。例えば「**パンツをはき替えようね**」「**おまたを洗おうね**」などと声をかけ、不快に感じるようであれば「自分でやる」と言ってほしいと伝えるようにしましょう。

※「プライベートゾーン」または「プライベートパーツ」と呼ばれている

# プライベートゾーン

## 子どもに教えるときの［４つのポイント］

1. 自分のからだは大切なものであること
2. プライベートゾーンは、人に見せたりさわらせたりしてはいけないこと
3. 他の人のプライベートゾーンを、見たりさわったりしてはいけないこと
4. 少しでもいやな気持ちになったら、「いやだ」「やめて」と言っていいこと

きょうみ

# お友だちにチューしちゃった！

幼い子ども同士がチューをしている姿は、よく目にすると思います。それをほほえましく思う親がいる一方で、口が接触することで虫歯や感染症がうつるなど、子どもの健康を心配する親もいます。となると、他の親の目って気になりますよね。そんなときは、こんな言葉がけをしてみましょう。

## こたえ

**そのお友だちのことが好きなんだね。でも、チューをされるといやな子もいるから、お友だちの気持ちを大事にしようね。**

いいかえ

あなたのお口もお友だちのお口もとっても大切な場所だから、チューをするのはやめておこうね。

## POINT

キスをすること自体はいけないことではありません。でも、幼い子どもの場合、相手が「チューしてもいいよ」と答えたとしても、本人たちの意思だけを尊重するわけにはいきません。子どもが「好き」「キスしたい」と思う気持ちに理解を示したうえで、プライベートゾーンの大切さを教える機会にしましょう。

# 解説 「いやだ」と思うことはみんなちがう

子どもの顔まわりに口を近づけないようにしたり、家庭で食器を使いわけたりするなど、赤ちゃんのころから子どもの健康を気づかっているママ・パパも多いと思います。それなのに、わが子がお友だちとキスをしている姿を目にしたら、「さんざん気をつけてきたのに～！」とショックを受けてしまいますよね。

子ども同士の接触や距離感については、親の価値観が関係してきます。ただ、親の考えや思いだけで、子どもたちの「好意」の表れでもあるキスやハグなどの行為をやめさせることはむずかしいでしょう。

大人はキスを性的なもの、感染症などのリスクがあるものとしてとらえ、子どもを守りたい一心で「チューしちゃダメだよ！」と注意をしてしまいがちですが、親の心配を理由にするのではなく、口が「プライベートゾーン」であること、勝手にふれてはいけないところであり、「いやだ」と感じるかどうかは人それぞれちがうことを、くり返し伝えるようにしましょう。**「大人になってから好きな人とだけするものだから、大事にとっておこうね」**という言い方もいいかもしれませんね。

# パーソナルスペース

近ごろは「プライベートゾーン」だけでなく、「パーソナルスペース（対人距離）」※についても幼いころから教えているようです。「パーソナルスペース」は12歳くらいから意識し始めるようになるといわれています。幼い子どもの場合、自分が好きな人やいっしょにいて心地よいと感じる人に対しては警戒心が薄まる傾向があり、ときに人との距離が近くなりすぎてトラブルを招くことがあります。

ほほえましい光景ですが、少し注意が必要かも……？

また、幼いうちに「パーソナルスペース」を知ることは防犯の一環にもなります。例えば、からだをぴったりくっつけられる距離に入っていいのは、安心できる家族だけ。少し離れて手をつなげるくらいの距離に入っていいのは、安心できるお友だちや先生だけ。そして、初めて会う人や知らない人とはお互いが手をのばしても届かない距離を保ち、もしそれ以上近づいてきて不快に思ったら、「近づかないで」とはっきり断るように教えましょう。

※「パーソナルスペース」：他人に近づかれると不快に感じる空間や距離（心理的距離）のこと。相手との関係性によって感じ方が異なる

そうだん

# お友だちに「やめて」って言えない……

気が弱い子や引っ込み思案の子は、自分の意思や感情を表に出すことがなかなかできません。いやなことがあったとしても、「やめて」って言えないんですよね。それでも次のような言葉がけをくり返し、子どもにし続けてあげること。やさしく話を聞いてあげることが大事です。

こたえ

## なかなか「やめて」って言えないよね。どんなことがいやだったのか、ママにお話ししてくれる？

いいかえ

いやだと思うことをがまんしていたら、その子のことを嫌いになっちゃうかもしれないよ？

いいかえ

だいじょうぶ！「いやだー！」って言ってもいいし、もし言えなかったら、その場から逃げてもいいんだよ。

**POINT**

「やめて」「いやだ」と言えない子どものなかには、人の気持ちを考えすぎたり、人の気持ちを優先したりして、自分の気持ちをおさえ込んでいる子もいるかもしれません。だからこそ家庭の中でたくさん話をして、子どもの心を解放してあげましょう。だんだん自分の気持ちを口にできるようになりますよ。

## 解説

# 子どもの心とからだを守る「同意」

子どもが「いやだ」「やめて」と言えない理由のひとつに、「嫌われたくない」という思いがあるでしょう。

例えば、お友だちにいやなことをされて、遊ぶのが楽しくなくなってきたとします。でも、ここで遊ぶのをやめたら、「その子に嫌われちゃうかも」「その子に悪いような気がする」と考えると、がまんして遊び続けるかもしれません。

そんなときは〝途中下車〟してもいいことを、子どもに教えてあげてほしいと思います。「**いやだと思うことは、いつでも断っていいんだよ**」「**途中で気持ちが変わってしまうことは、よくあることなんだよ**」と伝えてあげてください。

「嫌われたくない」という思いも大切ですが、「いやだ」「やめて」と思う感覚も、ずっとずっと大切なのですから。

「**いやなことをされてがまんをしていたら、あなたのほうがその子を嫌いになっちゃうよね**」と気づかせてあげるのもいいかもしれません。もし相手が一線を越えてきたときには、はっきり断っていいことを伝えておきましょう。

プライベートゾーンもパーソナルスペースも、とても大切です。もしお友だちが「いいよ」と言っても、お口にチューはやめましょうね……。

# 子どもが「いやだ」と思うこと

たとえ親子であっても、子どもの心とからだはその子だけのもの。子どもは親とは別の生きものであり、人格と権利をもっています。子どもが「いやだ」「やめて」と思うようなかかわりをしていないか、子どもと話し合ってみてください。そのときに、親のほうが不快に思うことを子どもに伝えることも大事ですよ。

## まわりの大人が気をつけるべき〔5つのポイント〕

1 おむつ替えや着替え、入浴など日常生活におけるかかわりの中で、子どものからだにさわるときは、「〇〇しようね」と声をかけながら行うこと

2 子どものプライベートゾーンを大事にしていることを伝えたうえで、からだのケアをすること

3 子どもがいやそうにしているのに、無理やりキスやハグなどのスキンシップをしないこと（たとえ愛情表現であってもダメ！）

4 からだをくすぐったり、からだをつかまえたりしたときに、子どもに「やめて」「いやだ」と言われたらすぐにやめること（これは子どもの本音です！）

5 ふざけて子どものプライベートゾーンをさわらないこと

column

# 「逃げ出したっていいんだよ」そのひと言が子どもの心の支えになる

私の家族のエピソードを、ちょっとだけお話しさせていただきます。

息子が小学校低学年のとき、あるお友だちに油性ペンで筆箱を真っ黒にされたことがありました。そのとき、息子は「いやだ」と言えずにがまんしていたんですね。彼の話を聞いた夫は「いやならもう学校に行かなくたっていいよ」、私は「転校もできるんだから、その場を逃げ出したっていいんだよ」と伝えました。

中学生になって当時のことを笑い話にできるようになると、息子がこう言ってくれました。「あのとき、お父さんとお母さんが話を聞いてくれて、逃げてもいいんだよって言ってくれたから、がんばろうって思えたんだ」。

引っ込み思案の子に無理に自分の意思表示をさせようとしても、本人が苦しくなるだけです。子どもが「いやだ」と言えないときには「逃げ場」をつくってあげるというのも、親ができることのひとつかもしれませんね。

子どもは自ら壁を乗り越えて成長するものです。中学生になった今、筆箱を黒く塗った子と息子は大の仲良しになっています。

しつもん

# どうしてトイレの場所ってちがうの？

トイレは男女別であるのが〝あたりまえ〟の感覚で、異性が立ち入って用を足すことはタブー。でも、今は性別にかかわらずだれでも使えるトイレの重要性が指摘されたり、「オールジェンダートイレ」の必要性が議論されたりするなど少しずつ変わってきているようです。

## こたえ

**男の子は立っておしっこもできるよね。だから、専用の便器があるところは、トイレがわかれているんだよ。**

いいかえ

わかれていないトイレもあるんだよ。男の子も女の子も、どんな「性」の人も同じトイレを自由に使えるんだよ。

## POINT

男の子が立っておしっこができる理由は、おしっこの出口（尿道口）が外に出ているから。立っておしっこをする小便器は個室になっていないので、男の子が「異性に見られてはずかしい」という思いをしないように、また、男の子のプライベートゾーンを守るため、男女べつべつであると伝えてもいいかもしれませんね。

## 解説　子どもはからだの不思議に興味津々！

「ママには、ふわっとしたおっぱいがあるよね」「わたしには、ちんちんがない」など、男女のからだの形のちがいをはじめ、公共のトイレや温泉などの大浴場が性別でわかれていることなど、子どもはさまざまなことから「性」のちがいに気づき始めます。このタイミングこそが「性教育」を始めるときです。

子どもが自分のからだに興味をもったり、「性」のちがいに関心を示したりするのはとっても自然なこと。幼いわが子が親にさまざまな「性」の疑問をぶつけてきても、はずかしがったりうろたえたりせずに、まずは「知りたい」という子どもの気持ちを受け止めてあげましょう。そして、「なぜ？」を解き明かしてあげられる言葉がけをしましょう。

さらに、「性」を知ることは「多様性」を理解し、尊重することにもつながります。からだと心の「性」が異なる人や、さまざまな「性」をもつ人のために今、社会がどのように変わってきているのか。トイレだけでなく、さまざまな〝常識〟が変わり始めていきます。親子で「多様性」に慣れ親しむ機会にしてほしいと思います。

# 性器のちがい

男の子と女の子のからだは、性器の形（外見）だけでなく内臓（中身）もちがうことを教えてあげましょう。できるだけ正しい名称で説明できるといいのですが、幼い子には「ちんちん」や「おまた」のようになじみのある呼び方で、イラストを見せながら説明してあげるとわかりやすいですね。

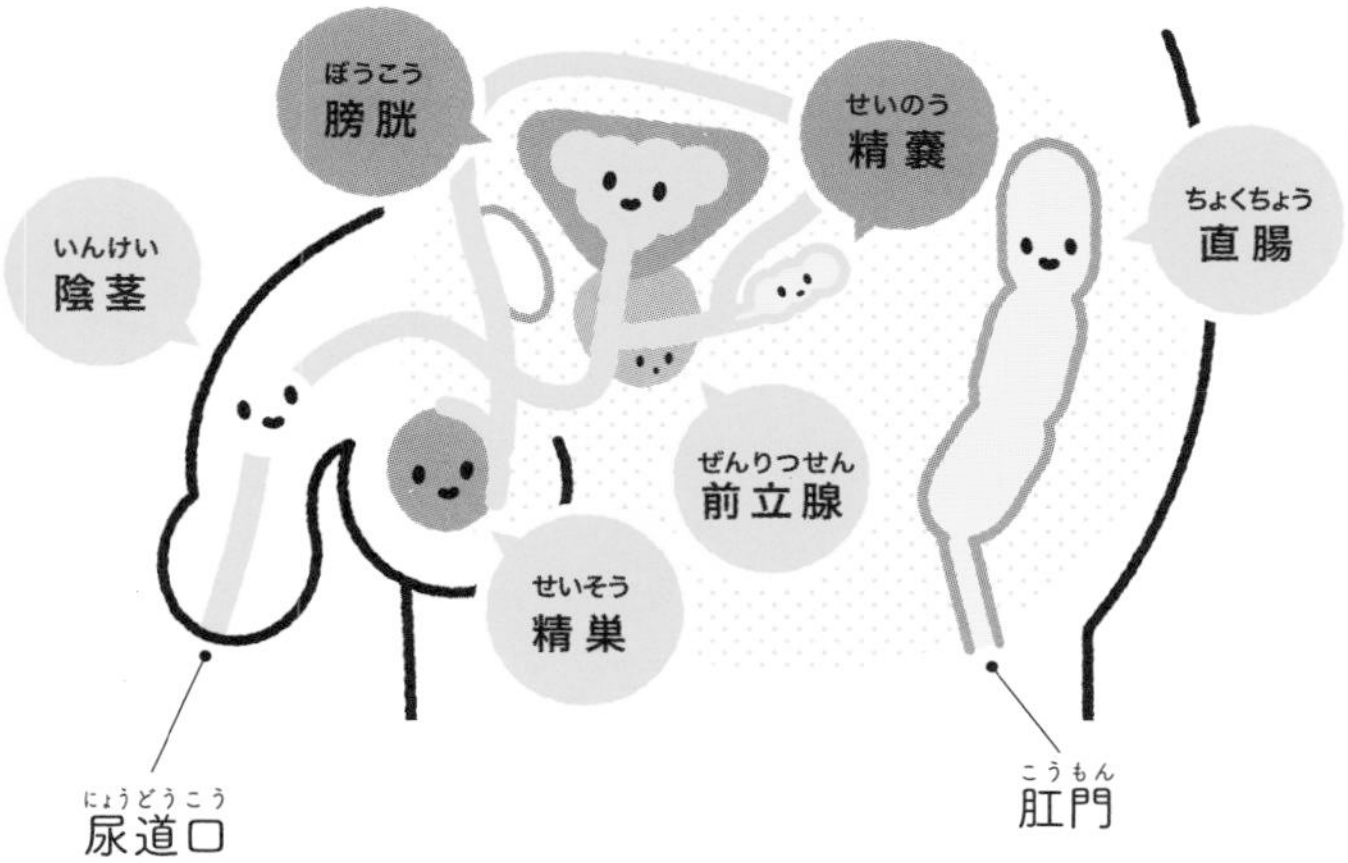


**男の子にはこうやって教えよう！**

男の子のおまたには、からだの外側にちんちん（陰茎）がついていて、その先っぽからおしっこや、赤ちゃんの卵をつくるための精子が出てくるんだよ。

**女の子にはこうやって教えよう！**

女の子のおまたには、3つの出口があるよ。おしっこが出てくるところ（尿道口）、赤ちゃんがうまれてくるところ（膣）、うんちが出てくるところ（肛門）だよ。

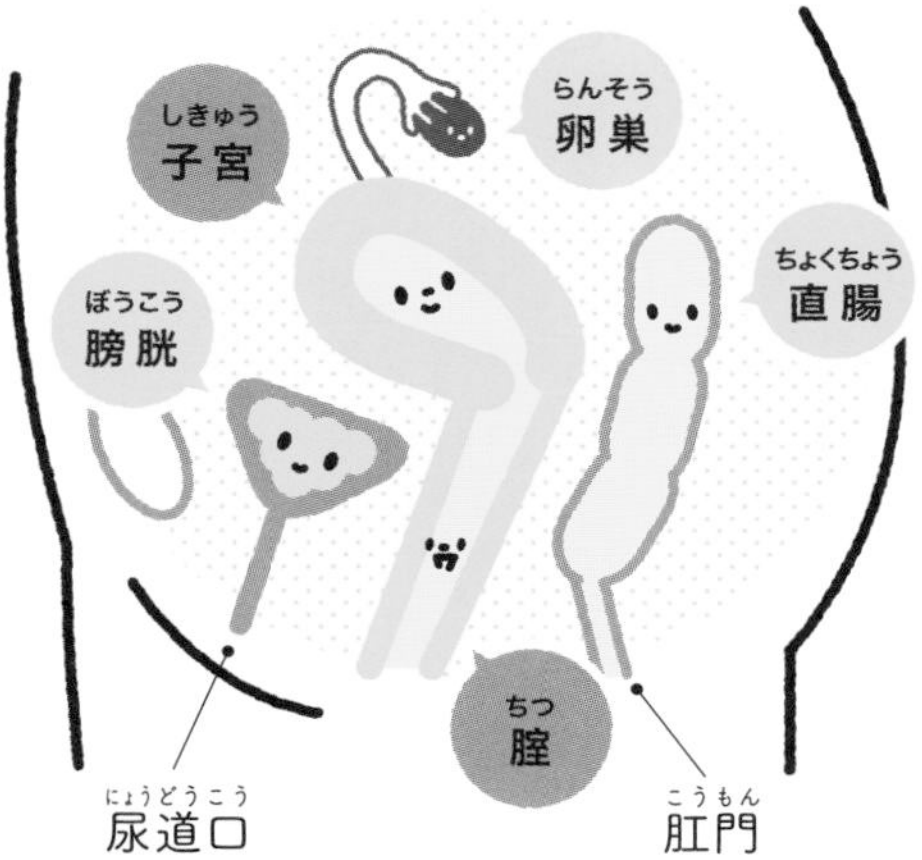

しつもん

# どうして温泉とか銭湯ってべつべつに入るの？

公衆浴場の混浴年齢は現在、「10歳以上」と定めている自治体が多いなか、年齢制限の引き下げが望ましいとする国の通知を受け、「7歳以上」に引き下げたところも出てきました。その背景には、子どもたちが望まない混浴の回避につなげようというねらいがあるようです。

**こたえ**

# はだかになるから、プライベートゾーンが見えちゃうよね。だから、男女わかれて入るんだよ。

**いいかえ**

はだかにならずに、みんなでいっしょに入れる温泉もあるんだよ。

**POINT**

マナーの問題で混浴ができる温泉施設が減少しつつあるなか、男女ともに湯あみ着で入ってもらうように工夫しているところもあります。お風呂に入るときにもプライベートゾーンが守られることは大切だということを、子どもに教えてあげましょう。

# 性器の洗い方

**できるだけムキムキして**
**いつもきれいに！**

**無理してむかなくてもOK！**
**やさしく洗ってね**

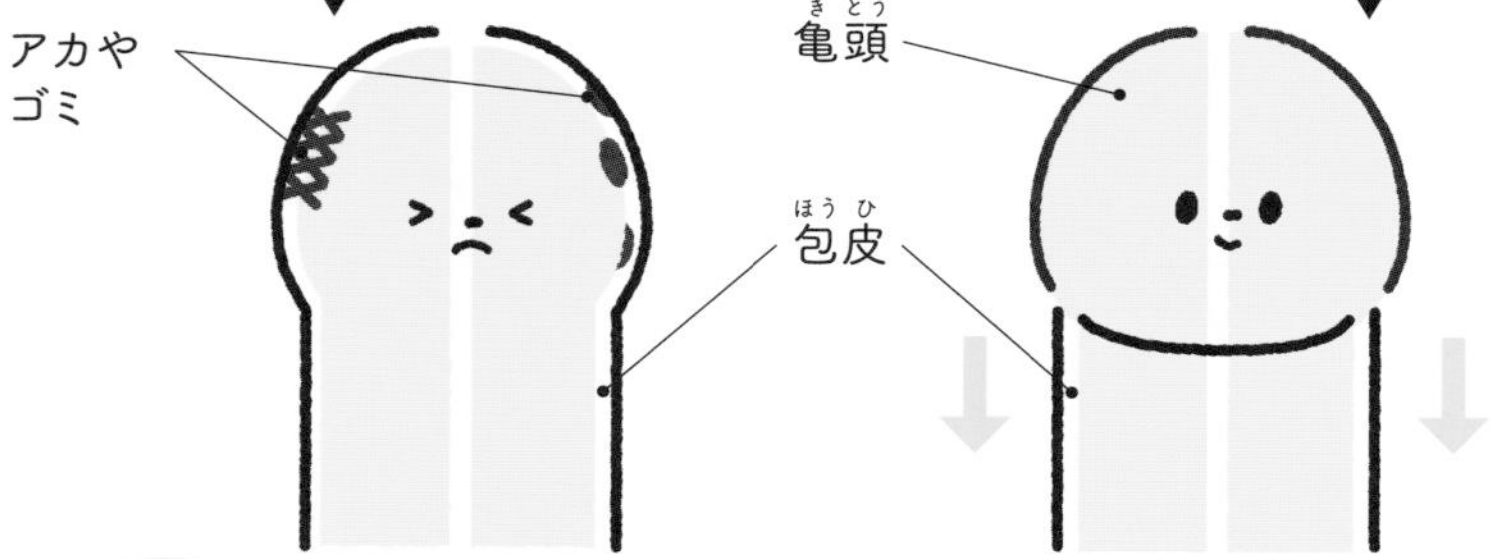


**男の子には こうやって 教えよう！**

ちんちんは、できるだけムキムキして洗うこと！　はじめのうちはみんな、皮をかぶっているので、手でやさしく、皮を少し根本のほうに引き寄せて、ちんちんの先っぽにたまるアカやゴミをきれいに洗い流そうね。洗いおわったら、皮をもとにもどそうね。

**必ず前から後ろへ！**
**そっとふれてね**

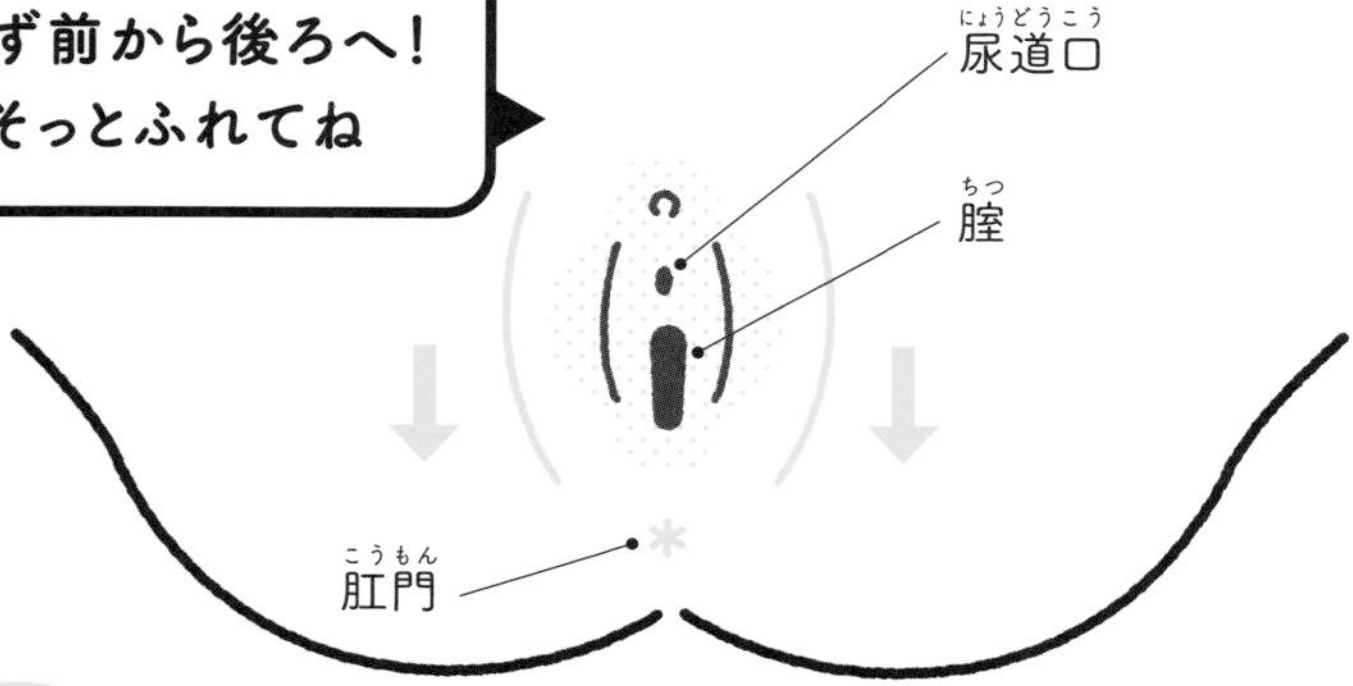


**女の子には こうやって 教えよう！**

おしっこの出口（尿道口）、赤ちゃんがうまれてくるところ（膣）、うんちの出口（肛門）が近くにあるよ。洗うときは、前（尿道口）から後ろ（肛門）の方向に、指のおなかの部分を使って軽く洗おうね。シャワーやお湯をかけるだけでもいいよ。後ろから前の方向に洗うと病気（膀胱炎）※になってしまうこともあるから、洗う方向はまちがえないでね。

※「膀胱炎（ぼうこうえん）」：肛門のほうから大腸菌などが尿道口に入り、尿を溜める臓器（膀胱）に炎症が起きている状態。女性に多く見られる症状

column

# 子どもの突然の質問に答える&答えづらいときのとっさのワンフレーズ

「セックスってなあに？」「ヴァギナってどこにあるの？」「なんでちんちんって立つの？」などなど、子どもから思いがけない「性」の質問をされると、親は動揺してしまいますよね。そんなときは、こんな言葉でワンクッションを入れて、まずは心を落ち着かせましょう。

子どもに共感を示したうえで、誠実に答えようとする姿勢を見せましょう。うまく答えられない、公の場などで話せないときは「宿題」にして時と場所を変えてもOKです！

いい質問だね！

よく知っているね！

なんでそう思ったの？

今は答えられないから調べておくね

ママ（パパ）の宿題にさせてね

それってなんだと思う？

そのことをどこで知ったの？

そんなこと聞かないの！

なんていやらしいことを！

そんなこと知らない

え、なんのこと？

怒る・無視する・黙り込む・ウソをつく・ごまかす・はぐらかす。これらの態度はNGです！

あ、そういえばさあ……

……

# 就学前に教えておきたい「セックス」（性行為）

## “命の奇跡”を教えてあげましょう

読者のみなさんのなかで、幼少期から「性教育」を受けたことがある方はどれくらいいらっしゃるでしょうか？

自分が教わったことがないのに、「セックス」（性行為）について幼い子どもに教えるのは、かなりハードルが高いことと思われるでしょう。

それでも、「赤ちゃんって、どこからうまれるの？」と、3歳くらいから知りたがる子もいます。自分がどのようにしてうまれてきたのかを、子どもは知りたがっているのです。

幼い子どもは「性行為」の〝行為〟自体に興味をもっているというよりも、〝命の不思議〟を解き明かしたいのだと私は思います。

子どもにどこからどこまで教えたらいいか、どんなふうに伝えたらいいか、何が伝わればいいか、まずはご自身で考えてみてください。なぜなら、子どものことを一番よくわかっているのは、あなただからです。

どうしても話しづらいと思う方は、「性」の絵本をたよりにするといいでしょう。子どもに絵本を手渡すのではなく、読み聞かせをしてあげてくださいね。

子どもに話をするときに気をつけていただきたいことは、ただひとつ。「うそをつくこと」だけはしないでください。いずれ真実を知ったとき、親にうそをつかれたことに子どもがどんなに傷つくことか、想像できるでしょう。

かけがえのない命の大切さが子どもの心にしっかり届くように、愛情を込めて「性」の話をしてあげてくださいね。

しつもん

# セックスってなあに？

子どもの口から「セックス」という言葉が出てきただけで、心臓が飛び出しそうになるかもしれません。でも、動揺して「いつそんなことを覚えたの！」と大きな声を出したり、「え～、なんだろう？」とはぐらかしたりしてはいけません。「性行為」への興味を大切な命の話につなげましょう。

## こたえ

**動物のメスとオスが愛し合うことだよ。お魚も虫も「交尾」っていうセックスをして子どもをうむんだよ。**

**いいかえ**

虫がたくさん増えるのは「交尾」をするから。
お花がたくさん増えるのは「受粉」をするから。
人間の子どもがうまれるのは「セックス」をするからなんだよ。

**POINT**

いきなり人間の「性行為」を教えようとするよりも、動物や昆虫、魚や植物を例にしてイラストを見せながら説明するほうが、親も身がまえずにすむと思います。大人がはずかしがると子どもは「性行為」をよくないものと認識してしまうので、たんたんと説明することが大切です。

## 自然界の生殖行為

トンボが「交尾」をするとき
ハート型に見えることが
あるんだよ

種でなかまを増やす植物は
２種類あって「受粉」の
仕方がちがうんだよ

「セックス」（性行為）は、体内受精をする動物が子孫を残すための「生殖行為」です。幼い子どもにはまず「交尾」や「受粉」について説明してあげるといいでしょう。辞書を引くと、「交尾」とは「生殖器を直接つなぎ合わせる生殖行為」、「受粉」とは「おしべの花粉がめしべの先端につくこと」と書かれています。

人間をはじめ動物や魚、昆虫や植物など、すべての「生殖行為」は大切な命の営みの始まりです。まず、科学的な「性」の知識として丁寧に教えてあげましょう。

「生殖行為」を遊び感覚で覚えてしまうと、親が真剣に命のうまれ方を話しても軽くとらえてしまうかもしれません。行為のまねごとをして遊んだりしないように！

しつもん

# ぼく・わたしは、どうやってうまれてきたの？

幼い子どもからこの質問を受けたとき、どう答えてあげるかはとっても重要です。かわいいわが子の〝命の始まり〟をどのように伝えたいか。伝え方はいろいろあるので、まずは親がよく考えてみてください。どんな伝え方であっても愛情たっぷりに話してあげれば、子どもはきっと満たされるでしょう。

こたえ

## ママのおなかの中から〝命の道〟※を通って、一生けんめい自分の力でうまれてきたんだよ。

いいかえ

どうしてそのことを知りたくなったのかな？
ママもいつかお話ししたかったんだよ。

いいかえ

あなたがママのおなかに
〝命の窓〟※を開けて、
うまれてきてくれたんだよ。

※P.54～「誕生のおはなし」参照

**POINT**

子どもが「性」に対して興味を示すのは、自分がどうやってうまれてきたのかが気になるからかもしれません。子どもがどうして知りたいのか、理由次第では「性行為」についてふれる必要もあるでしょう。その前段階として、「交尾」や「受粉」の話をしておくといいですね。

誕生のおはなし

# 大切な命のうまれ方

〝命の原点〟を知ることは、本当に大切なことです。子どもに「命のうまれ方」を正しく伝えるためには、こちらの５つのポイントをしっかりおさえて話してあげるといいでしょう。

**子どもに話すときの［５つのポイント］**

1. ママとパパが愛し合って、会いたかったあなたを授かったこと
2. 男の子は「陰茎」「精巣」という、パパになるために必要なものをもっていること
3. 女の子は「子宮」「卵巣」という、ママになるために必要なものをもっていること
4. 赤ちゃんはママの「子宮」の中で、２６６日（38週間）かけて成長すること
5. 赤ちゃんはママのからだの「膣」という〝命の道〟を通って、自分でうまれてくる
また、ママのおなかに〝命の窓〟を開けて、うまれてくる方法もある
どちらを選ぶかは、赤ちゃんが決める！　ということ

愛するわが子に〝命の原点〟についてたずねられたら、戸惑ってしまったり、つい固まってしまったりするかもしれません。

そんなときは、落ち着いて子どもと向き合えるようになるまで、ママやパパの「宿題」にしてもだいじょうぶですよ。

ただ、そのままうやむやにはせず、ちゃんと時間をとって話してあげてくださいね。

大切なのは、

**「パパの一番すてきなところと、**
**ママの一番すてきなところをもらって、**
**あなたがうまれてきたんだよ」**

ということ。

そして同じように、パパとママも、おじいちゃん、おばあちゃんの一番すてきなところをわけてもらってうまれてきたということ。
たくさんの命がつながって、今あなたがいるという奇跡を知ってもらいましょう。

次に、
「どうやってうまれてくるか」について。
それは、「パパとママがあなたに会いたくて、
愛し合ったから」。

**「いっしょにいるとうれしくて、**
**ドキドキして、**
**心があたたかくなるんだよ」**

**「やさしい気持ちになって、
ぎゅっと抱きしめたくなるんだよ」**

そんなふうにご自身の言葉で、素直に愛を表現してみてください。

少し照れてしまいますが、パートナーに聞いてみるのもいいかもしれませんね。

そして、パパとママが愛し合い、「命がどのようにうまれるのか」を具体的に教えてあげましょう。 はずかしがらずに事実をたんたんと伝えることがとても大切です。

「パパになるために、男の人のからだには
『精巣』というお部屋があるよ。
パパのおまたにある精巣でつくられるのが『精子』。

ママになるために、女の人のからだには
『卵巣』というお部屋があるよ。
ママのおなかにある卵巣でつくられるのが『卵子』。

精子と卵子はどちらも赤ちゃんの〝命のもと〟。
どちらか片方だけでは赤ちゃんのたまごにはならなくて、
2つがいっしょになることで、
小さな命がうまれるんだよ。

ママのおなかの中には
『子宮』という、赤ちゃんを
育てるためのお部屋もあるの。

そこに〝命のもと〟である精子を
届けるため、パパのからだには
『陰茎（ペニス）』があって、
パパはママの〝命の道〟（膣）に
陰茎を入れて、子宮に
たくさんの精子を届けるんだよ。

精子の数は、なんと1億〜4億個！
その中で、ママの卵子に一番はじめに
たどり着いた〝一等賞〟が、
あなたの命のはじまりになったんだよ」

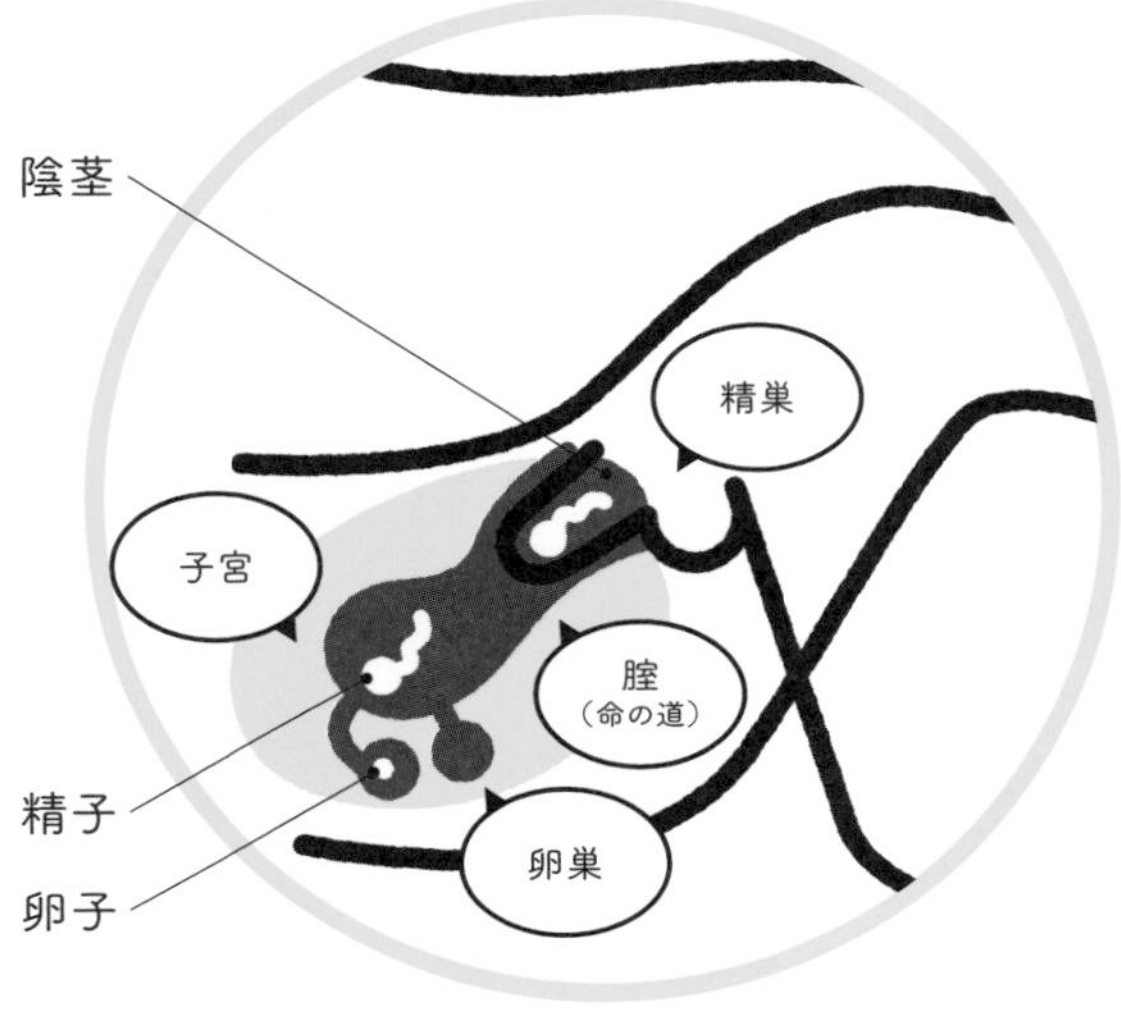

男女のからだの器官と役割を正しく伝えることは、性差の理解にもつながります。ひとつの精子とひとつの卵子が出会った奇跡が「あなた」だということ、それは特別なことだということを、愛情たっぷりに伝えましょう。

**「パパとママが愛し合ってできた、**
**特別な愛おしい小さな命、それがあなた。**
**あなたはママのおなかの中（子宮）で、**
**266日かけて、**
**ゆっくりゆっくり大きくなったんだ」**

おなかの中で赤ちゃんが動いてうれしかったことや、おなかが大きくて大変だったこと、お名前をたくさん考えたことなど、妊娠中の思い出もいっしょにお話ししてあげると、子どもは自分の知らないパパとママの思い出を共有できて、喜ぶかもしれませんね。

おなかが大きいころのママの写真やエコーの写真など、もしもっていれば見せてあげるのもいいでしょう。

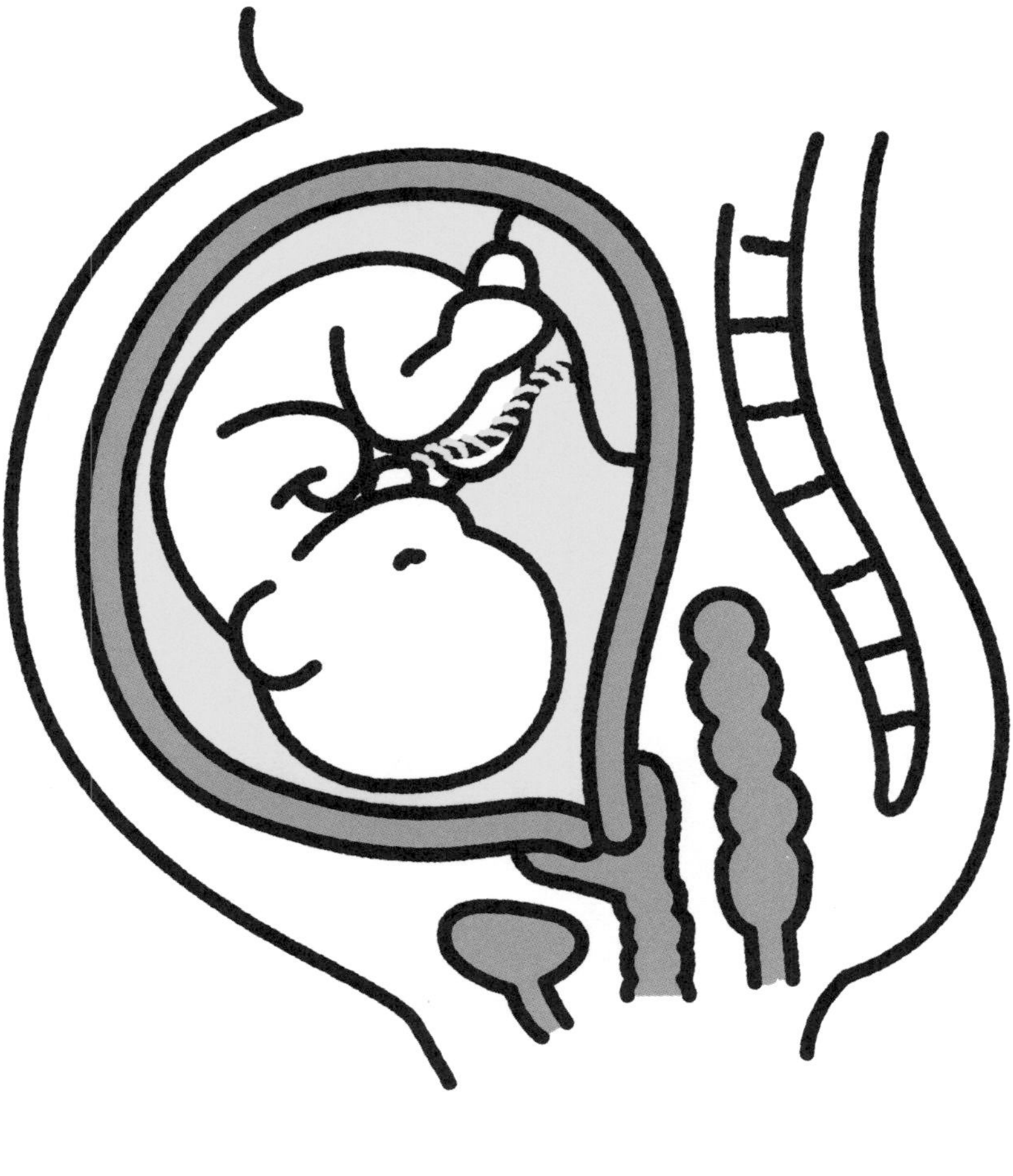

「あなたの
誕生日は○月○日だね。
あなたと
パパとママが
やっと会えた日だよ」

うまれる方法は、主に2つにわけられます。

ひとつは、ママのおまたにある〝命の道〟を通ってうまれてくる方法。

もうひとつは、ママのおなかに〝命の窓〟を開けてうまれてくる方法（帝王切開）です。

「元気にうまれてこれるのはどっちかな」と、赤ちゃん自身が決めてくれた方法ですから、どうか自信をもって、「どんなふうにうまれてきたか」を伝えてあげてくださいね。

**「あなたは一生けんめい、**
**がんばって**
**うまれてきてくれた。**
**お医者さんや助産師さんの**
**力も借りて、**
**ママも命がけでがんばって、**
**やっと、かわいいあなたに**
**会えたんだよ」**

あなたがうまれてきた奇跡のはじまりは、ママとパパが出会って愛し合った奇跡。
それ以前に、ママとパパがそのママとパパからうまれてきた奇跡があったから。
そんないくつもの尊い命の奇跡が集まって、今、かわいいわが子とお話しすることができています。

**「ママもパパもずっと、**
**あなたに会えるのを待っていたんだよ。**
**今こうしてあなたに会えて、**
**お話ししたり遊んだりできて、**
**本当にうれしくて、**
**しあわせだよ。**
**元気にうまれてきてくれて、**
**ありがとう！」**

ママとパパがわが子を愛する想いが、お子さんに伝わりますように……。

# 愛情を込めて教えることを大切に……

愛する人と「性行為」をむかえることは、とってもしあわせなこと。大切な行為の証として、お子さんやみなさんが、かけがえのない命として誕生しました。

大切な命のうまれ方を伝えたくても、子どもにとって、もっとも身近な存在であるママが一人の「女性」であり、パパが一人の「男性」であることを説明するのは、なかなかむずかしいと思います。また、どうしても「はずかしい」と思ってしまって、性行為についてはつい、あいまいにしてしまうこともあるでしょう。

ただ、まちがっても「コウノトリさんが運んできたんだよ」「橋の下から拾ってきたんだよ」なんて伝えないようにしてくださいね。大きくなって真実を知ったときに子どもはショックを受けますし、親子の信頼関係も崩れかねません。何より正しい知識をもたないまま、性行為におよんでしまうことがあるかもしれません。

もっとも大切なことは、「**あなたがうまれてきてくれて、とってもしあわせだよ**」と、愛情をたっぷり込めて伝えること。それぞれのご家庭のペースで、ご自身の考え方で伝えてあげてください。愛されてうまれてきた、この〝奇跡〟を！

# 就学前に教えておきたい「性差」と「個性」

## 性差を尊重した「性教育」をしましょう

ここからは「性差」と「個性」にかかわる、幼い子どもの「性」の疑問にふれていきましょう。

「性」について学ぶことは、「性差」を知ることでもあり、幼いうちから多様な「性」にふれる機会につながります。

「性差」とは、男女の性別によるちがいのことです。「第一次性徴」※1および「第二次性徴」[※2]といった生物学的なちがいだけでなく、「男らしさ」や「女らしさ」などの社会的・文化的につくり出された性差（ジェンダー）、男女の脳のちがいやホルモンバランスなどが関連する心理的な性差も含んでいます。

子どもは幼少期から周囲の大人の影響を受け、早ければ2歳くらいから男女のちがいに気づいたり、意識し始めたりします。そのため、3歳ごろから「性教育」を始めることが必要になってくるのです。

日本にはびこる古き〝性の常識〟によって、これからの時代を生きる子どもの「性」の認識がゆがめられることがないよう、幼いうちから正しい知識を授けてあげましょう。

性差を尊重した「性教育」を行い、子どもが自分自身やお友だち、さまざまな個性をもった周りの人たちを大切にできる人間に育てていきたいものですね。

※1「第一次性徴」：胎児のときに形成される男女の性器に見られる特徴
※2「第二次性徴」：性器以外のからだの各部分に見られる男女の特徴（一般的に「思春期」と呼ばれる期間に現れる）

そうだん

# わたしも「ぼく」って言ってもいい？

自分の呼び方（一人称）には、さまざまな表現があります。自分を「ぼく」と呼ぶ女の子は明治時代からいるようです。大切な自分の呼び名は、本人の自由意志で決めていいのですから、「ぼく」と言っているから「男の子」なんだと思うのではなく、親はその子の個性として受け止めてあげましょう。

## こたえ

# 日本にはたくさん呼び方があるから、自分にぴったりの表現をしていいよ。

**いいかえ**

「ぼく」でいいんじゃない?
男の人が「ぼく」、女の人が「わたし」って言うのは、決まりごとではないんだよ。

**POINT**

「どんな表現をしてもいいんだよ」ということが伝わるように言葉をかけてあげましょう。「英語では自分のことを『I』としか言わないけれど、『I』という呼び方にもいろんな個性があるんだよ」と、想像力をふくらませてあげるのもいいでしょう。

そうだん

# ピンクのランドセルにしてもいい？

今や「男の子は黒、女の子は赤」という時代ではなくなりました。とはいえ、ランドセルの色選びに親は慎重になりますし、子どもと意見がわかれて悩むこともあるでしょう。「男の子がピンク色を選んだら、からかわれるかも」と心配する親心がありながら、子どもの意思を尊重してあげられるでしょうか。

## こたえ

# かわいいからかな？
# きれいだからかな？
# あなたが好きなところ、教えてほしいな。

**いいかえ**

あなたが気に入ったなら、どの色を選んでも正解だよ。

## POINT

子どもが気兼ねなく自分の希望（好き）を言える環境づくりが大切です。色や形で「性」を決めつけ、「男らしさ」や「女らしさ」という価値観を、無意識のうちに子どもに押しつけないようにしましょう。子どもの「好き」を尊重しながらランドセル選びができるといいですね。

## 解説

# 「好き」を認めると自信につながる

頭ではいけないとわかっていても、つい「男の子だから」「女の子だから」と口にしてしまうことがあるかもしれません。

日本の社会はいまだに性別を大きなくくりとして物事を決めがちで、「ジェンダーバイアス」※がある人も少なくありません。いくら親がジェンダーフリーを意識しても、周囲の目があるかぎり、昔から続く「男らしさ」「女らしさ」の呪縛からは逃れられないのが事実です。

その中にあっても、子どもが自分の「好き」なものを見つけて、それを選べることはとっても大切なことで、しあわせなこと。また、大好きなママやパパが「いいよ」と認めてくれることが何よりの自信になって、その子の個性を輝かせます。

一方で、わが子が偏見の目にさらされてしまうのではないかと心配する気持ちは、とてもよくわかります。それでも、子どもの意思を尊重してあげることがもっとも重要だと思います。家族が理解と共感を示してあげることで、子どもは周囲の目が気にならなくなるでしょう。性差の枠をはずし、子どもの個性に目を向けましょう。

※「ジェンダーバイアス」：社会的または文化的につくられた性差による差別や偏見

もし色を変えたくなったら、ランドセルカバーをつけてあげればＯＫ！
あまり心配しすぎないでくださいね。

column

# 子どもの「性」の疑問に対する答えはひとつじゃない

　子どもが行く道の先をいって、途中でつまずかないように小石まで拾い集め、石橋をこれでもかとたたいて絶対に割れないことを確かめて……、安全な道を歩かせてあげたいと親が思うのは当然のこと。

「この子がいやな思いをしないように」「どこかでまちがってしまわないように」というその親心、私にもとってもよくわかります。

　それなのに、自分に「性」の知識が足りていないのでは？　子どもの質問に対して正しく答えられている？　まちがった言葉がけをしていないだろうか？　と不安になってしまう人もいるでしょう。「性」＝「生」について、すべてを子どもに教えてあげることはできません。

　そして、子どもの「性」の疑問に対する答えには、「これが正解！」というものがありません。子どもの「なぜ？」に真剣に向き合い、けんめいに考えて答えたことにまちがいはないのです。

　ですので、どうか安心して自信をもって、子どもに「性」の話をしてあげてください。そして、家庭で「性」について話し合う機会をたくさんつくってあげてほしいと思います。

「性」の真実に向き合うことは、子どもの人生にとって本当に大切なこと。

「性教育」は「ライフスキル教育」なのです。

　もし子どもの質問にすぐに答えられなくても、「**あなたとわたしの答えを、いっしょに見つけていこうね**」と愛するわが子に、そんな言葉をかけてあげてはいかがでしょうか。

　がんばるママさん、パパさんを応援しています！

解説

# 人はそれぞれ「ちがう」ことを伝えよう

子どもに「性教育」を行ううえで大切なのは、「性差」の他に「多様性」への理解をうながすことです。既存の価値観※にとらわれない生き方をしている人、肌の色がちがう人、ちがう国の言葉を話す人、障がいがある人、外見に特徴がある人など、さまざまな「個性」をもった人たちがいっしょに生きています。そして、一人ひとりが大切にされる権利があります。固定観念にしばられずに子どもに話ができるよう、「性教育」を絶好の機会ととらえて、まずは親自身の価値観をアップデートしましょう。

**子どもに伝えておきたい［4つのお約束］**

1 みんな大切な命。自分やお友だちの心とからだを大切にすること

2 人の身体的特徴（外見）を指摘しないこと

3 人のことを指ささない（手のひらを上に向けて示す）こと

4 人の名前で遊ばないこと

※男らしさ・女らしさなど「男性・女性とは、それぞれこうあるもの」という共通認識のようなもの

# 「性」の多様性

**「性」にはさまざまな側面があり、そのあり方も一人ひとりちがいます。「性」の多様性については、子どもも親も〝自分ごと〟としてとらえることが大切です。「性」について理解を深め、だれもが生きやすい社会をつくっていきましょう。**

まず、人の「性」は次の４つの要素で構成されています。

1. **身体的性**（うまれたときのからだの特徴を示す「性」）＝**からだの「性」**
2. **性自認**　（自分が認識している「性」）＝**心の「性」**
3. **性的指向**（自分が好きになる相手の「性」）
4. **性表現**　（自分が表現したい「性」）

「セクシュアルマイノリティー」（性的少数者）は、それぞれが身体的性や性自認とは必ずしも一致しなかったり、男性か女性か、その両方か、あるいはその他だったり。「性」の多様性は実にさまざまなのです。

「SOGI」（ソジ）は、性的指向（Sexual Orientation）の〔SO〕と性自認（Gender Identity）の〔GI〕を合わせた言葉です。これに性表現（Gender Expression）の〔E〕を組み合わせて「SOGIE」（ソジー／ソギー）と呼ぶこともあります。これは「LGBTQ」のことではなく、異性愛の人も含む「すべての人の属性を表す略称」です。

その人の性的指向や性自認などをからかったり、そのことでいじめたりすることを「SOGIハラ」といいます。

「LGBTQ」のアルファベットが示す意味は次の通りで、「LGBTQIA」や「LGBTQ+」と表記することもあります。

## 性的指向（③：自分が愛する人の「性」）

L ［Lesbian］レズビアン（女性を愛する女性）
G ［Gay］ゲイ（男性を愛する男性）
B ［Bisexual］バイセクシュアル（2つ以上の「性」に惹かれる人）

## 性自認（②：自分自身の「性」）

T ［Transgender］トランスジェンダー
／［Transsexual］トランスセクシュアル
（からだと心の「性」が異なる人、異なる「性」を生きたい人）

Q ［Queer］クィア
（日本では異性愛者、およびLGBT以外のさまざまな性自認・性的指向の総称）
［Questioning］クエスチョニング
（自分の性自認や性的指向がはっきりしていない人、意図的に決めていない人）

I ［Intersex］インターセックス
（身体的性において男性・女性の中間、またはどちらとも一致していない状態）

A ［Asexual］アセクシュアル／エイセクシュアル
（他人に恋愛感情をもたない人、性的欲求のない人）

＋ プラス（特定の「性」を表しているのではなく、さまざまな「性」があるという意味が込められている＝「性」の多様性を表したもの）

しつもん

# どうしてあの人は車いすに乗っているの？

車いすに乗っていたり、松葉杖をついていたりする人を見かけると、つい気になってしまうのでしょう。子どもは純粋な気持ちで、目にした光景をそのまま口にしたり、疑問に思ったりしますよね。でも、こうしてまわりの人に関心をもつこと、その様子に気づくことは大事なことなのです。

## こたえ

**よく気がついたね。目には見えないけれど、どこかがつらくて、車いすが足の代わりになってくれているんだよ。**

**プラスして**

車いすの人が困っているときは、パパといっしょに、お手伝いしようか。

## POINT

子どものこんな質問に対し、大人は障がいがある人に失礼だと思ってしまうもの。しかし、ときに障がいに対する疑問がきっかけとなって、さまざまな人への理解につながることもあるでしょう。いつか大人になったときに障がいがある人に適切なサポートができるよう、おうちで説明してあげるといいですね。

しつもん

# あの男の人、なんでスカートをはいているの？

「性自認」や「性表現」に対する理解がなかなか進まないのは、私たち大人のせいかもしれません。子どもがこのような質問をすること自体、「男の人はスカートをはかないもの」と、身体的特徴が男性であれば「男の人」だと思わせているのです。子どもから、こんな質問があったらチャンス！　親子で「性」の多様性を学びましょう。

こたえ

## もしかしたら、あの人はスカートをはいているときが一番自分らしいと思っているんじゃないかな？

いいかえ

スカートが好きなのかもしれないね。
あなたもスカートが好き？
あんなスカート、はいてみたい？

いいかえ

だれにでも好きなものがあって、
自由に選んでいいんだよ。

**POINT**

「スカートをはきたい」と思っている男の子や、これからスカートをはくようになる男の子がいるかもしれませんよね。もし「スカートをはいてみたい」と相談されたら、「**いいんじゃない？すごく似合うかもよ！**」「**はいてみて、どうだった？**」と声をかけてあげるといいですね。

きょうみ

# 「○○」さんってへんな名前だよね！

耳慣れないお友だちの名前に反応して、当人の前でこんなふうに口にしてしまうことがあるかもしれません。名札などを見て字面が気になったり、響きが気になったりしているだけで、本人に悪気はないのですが、「違和感」を「へん」と表現してしまうのでしょう。

## こたえ

**とってもいいお名前だと思うよ。でも、「へん」ってどんな感じなの？わからないから教えてほしいな。**

いいかえ

その子のすてきなお名前にどんな意味があるのか、いっしょに調べてみようか？

いいかえ

一度聞いたら忘れられないね。お名前はとっても大事なものだから、大切に呼んでみようよ。

### POINT

子どものストレートな表現には反応せずに、まずは名前がその人の大切なものであることを伝えましょう。そして、その子にとって「へん」だと感じた言葉（文字や音）にはどんな意味があるのか、「言葉」そのものに子どもの興味が向かうようにはたらきかけてみましょう。

解説

# 外見にふれた質問にはすぐに答えよう

いいことでもあり困ったことでもありますが、子どもは自分が感じたことをそのまま表現します。例えば、身体的特徴をとらえて、「あの人、デブだよね」「あの人ってなんでハゲてるの？」などと当人に聞こえそうなくらい大きな声で言われると、親やまわりにいる大人はあせってしまいますよね。

でも、「そんなこと言ったら失礼でしょ！」と頭ごなしにしかってはいけません。子どもたちは、その人が「なぜ」太っているのか、「なぜ」頭の毛がうすいのかに興味があって、ただその理由を知りたいだけなのです。

だからこそ、一度は子どもの疑問を受け止めてあげましょう。そして、「**どうしてだろうね？**」と子どもの気持ちに寄り添い、そこで子どもが答えを返してきたら話をふくらませます。ここで大事なのは、「差別感」をもたせないように言葉を選ぶことです。その子の発した言葉が当人を悲しませるかもしれないことを伝えておきたいですね。外見にふれた質問をされたときは答えを返すタイミングも重要です。子どもが疑問に感じたときすぐに、腰を落として同じ目線で真剣に話をしましょう。

# 多様性

いろんな人がいるって
すてきなことだね！

あなたがなりたい姿に
なっていいんだよ！

「どうして、あの人は顔の色がちがうの？」と子どもに聞かれたら、あなたはなんと答えますか？　例えば、「そうだね、ちがうよね。どうしてだろうね？」「じゃあ、ママの顔は何色に見えるのかな？」などと子どもに問いかけてみましょう。そして、世界中には80億人もの人間が存在していて、話す言葉がちがったり、顔やからだの形もちがったりすること。肌の色は、住んでいる場所や食べるものなどの影響を受けて変化することを、わかりやすく教えてあげるといいでしょう。最後に「いろんな人がいて、おもしろいよね！」とご自身の考えを子どもに示すのもいいですね。

# 子どもの困った「性」の行動＆防犯対策ＳＯＳ

## 心とからだを守るために大切な教え

人前でプライベートゾーンをさわったり、人に見せたり、お友だちのプライベートゾーンをさわってしまう子もいたりして、「やめさせなければ！」とあせって、つい大きな声で子どもをしかってしまうことってありますよね。このような子どもの「性」の行動に戸惑いを隠せないママ・パパは多くいらっしゃると思います。

親や他人を困らせる行為をしてしまう子どもには、どんな言葉がけが必要でしょうか？　これからいっしょに考えてみましょう。

この機会に「からだの決定権」が自分にあることや、他の人にもそれぞれ決定権があることを、幼い子にもわかりやすく伝えてあげましょう。

また、子どもの「性」を守るために、小学校に上がる前から防犯教育を始めておけば、ママ・パパも少しは安心できるのではないでしょうか？

例えば、子どもといっしょに通学路を覚える練習をするときなどに、かけ込んで助けを求められる場所も教えておくといいでしょう。

さらに、顔を知っていたとしても「知らない人」であることを教えることがとても重要になります。性犯罪の加害者の約8割は「顔見知り」であるのが現実なのです。

そして万が一、子どもがこわいめにあったりしたら、すぐに親に相談できるよう、ふだんから「性」についてオープンに話せる環境をつくっておきましょう。子どもが犯罪や性被害に巻き込まれないよう、親子で防犯の知恵を身につけましょう。

しつもん

# ママのスカートにもぐってもいい？

幼い子どもはよく、ママのスカートの中にもぐり込んでくるみたい。はずかしいときにもぐる子がいたり、楽しいからもぐる子がいたり。たとえ外であろうと、おかまいなしにもぐり込んでくるので、ママたちは困ってしまうようです。

## こたえ

**もしかして、はずかしいのかな？
でも、ママの大事なところが他の人に
見られちゃうから、やめてほしいな。**

いいかえ

もぐりたくなっちゃったら、
ママにこっそり
サインを送ってくれる？

いいかえ

スカートがめくれるとはずかしいから、
もし隠れちゃいたくなったら、
ママの背中にかくれんぼしない？

## POINT

なぜスカートにもぐりたがるのか、子どもに直接聞いてみましょう。遊びたいのか、はずかしいのか、子どもの心理がわかれば、親も対応の仕方がわかってきます。もし子どもがはずかしがってもぐりたがるのであれば、別の隠れる場所を提案してあげるのもいいかもしれませんね。

## 解説

# 親がいやだと思うことも伝えましょう

ママのそばは、子どもがもっとも安心できる場所。唯一無二の〝安全基地〟です。そうとわかっていても、外で突然スカートめくりをされてしまっては、ママもはずかしいですよね。

そこで、ママがはずかしくなってしまう気持ちや、ママのプライベートゾーンを大事にしてほしいことを、子どもに伝えてみてはいかがでしょうか。「**あなたと同じように、ママもね、されていやだなって思うことがあるんだよ**」と、からだの自己決定権もあることを伝えるなど、大好きなママを大切に思う子どもの気持ちにはたらきかける言葉がけをしてみましょう。

また、「**外ではいやだけど、おうちではいいよ**」「**背中に隠れてくれたら、ママがしっかり守ってあげられるよ**」などと、条件や代替案を提示してあげるといいでしょう。はずかしくなってしまったときのサインを親子で決めておいてもいいかもしれませんね。ちなみに、からだが大きくなってスカートの中にもぐれなくなると、ママの後ろに隠れちゃう子もいるそうです。子どもって本当に、かわいいですよね。

外出時はパンツをはくしかないというママさん。短いスカートにも、もぐり込もうとする子がいるんだとか……。

## しつもん

# プライベートゾーンってさわっちゃダメなの？

ズボンやパンツに手を入れて、プライベートゾーンをさわっている子どもっていますよね。「さわらないでね」と言ってもやめなかったり、人前でさわってしまう子がいたり、クセになってしまっている子がいたり。そんな子どもには、どんな言葉がけが必要なのでしょうか？

## こたえ

**さわると落ち着くんだよね。でもね、あなたの大事なところだから、みんなの前でさわるのはやめようね。**

いいかえ

さわるのはダメなことじゃないよ。一人のときで、手がきれいならさわってもいいんだよ。

## POINT

さわること自体が「悪いこと」だと植えつけないように気をつけましょう。なかには、お友だちのプライベートゾーンをさわってしまう子もいます。その子には、「**自分の大事なところは、お友だちにとっても大事なんだよ。いやな気持ちになるかもしれないからやめようね**」とやさしく伝えましょう。

そうだん

# 知らない人に話しかけられたんだけど……

こんな相談をされたとき、いきなり「声をかけられても無視しなきゃダメって言ったでしょ！」と子どもを責めるようなことは絶対にしないでくださいね。子どもはこわい思いをしたことを一生けんめい、親に打ち明けようとしているのです。まずは子どもの心に寄り添ってあげて、話を聞くようにしましょう。

### こたえ

**だいじょうぶ？　こわかったでしょう。何かあったら「いやだ」「やめて」とはっきり言ってもいいからね。**

いいかえ

どうしたの？
あなたがいやでなければ、
何があったかパパやママに話してごらん。

### POINT

「いやだ」「やめて」「行かない」「できない」「知らない」「いらない」など、具体的な断り方を子どもに教えましょう。そして、「へんだな」「こわいな」と少しでも思ったら、とにかくその場からすぐに逃げるように教えましょう。

# 解説
# 「知らない人」ってどんな人？

子どもの防犯教育は、親が「教えておかなくちゃ！」と思ったそのときから始めましょう。防犯対策の基本として「知らない人についていかない」と教えますが、子どもが「知らない人」と「知っている人」をどのように認識しているかはあいまいです。そこで、次のような人が「知らない人」だと具体的に教えましょう。

- 見たことがない人や話したことがない人
- 名前や住んでいるところを知らない人
- ママやパパの知りあいではない人
- 顔を知っている・話したことがある・日ごろあいさつをしている人でも、どんな人かよくわからない人

また、知っている人であっても、**「ママやパパがお願いしていないのに、あなたをどこかに連れて行こうとする人の言うことをきいてはダメ」**と教えておきましょう。

劣化して誤作動を起こす防犯ブザーを鳴らして遊んでしまう子どもがいます。いざというときにちゃんと鳴らせるように定期的に動作確認をしましょう！

# いかのおすし一人前

　誘拐や性犯罪などの被害から、子どもが自分自身の身を守るためのキーワード。それが「いかのおすし一人前」です。親がひとつひとつの行動を説明しながら、どんなふうに声をかけられるのか、どんなふうに断ったらいいかなどを具体的に教え、「**こんなとき、どうする？**」と子どもといっしょにシミュレーションしてみることが大切です。家庭でくり返し、子どもに伝えましょう。

**こわいめにあわないようにするための［7つのお約束］**

| | |
|---|---|
| 知らない人には、ついて<br>（たとえ知っている人でも、ついて） | **い** **か** ない |
| 声をかけられても、車には | **の** らない |
| だれかに連れて<br>行かれそうになったら | **お** おごえをだす |
| だれかに声をかけられたり、<br>「へんだな」「こわいな」と思ったら | **す** ぐにげる |
| 「へんだな」「こわいな」と<br>思ったことは、おうちの人や先生に | **し** らせる |
| | **一** **人** であそばない<br>（一人にならないようにする） |
| だれと・どこで・何をするか、何時に<br>帰るかを、おうちの人に出かける | **前** にはなす |

age 7 to 10

第2章【就学後】

7～10歳の子どもの「性」の疑問に答える

# ライフスキル教育につながる言葉がけ

# 就学後の子どものための「おうちの環境づくり」

## 照れたりはずかしがったりせずたんたんと「性」の話をしましょう

第2章では、小学生になってからの「性教育」についてお話ししていきます。

「第二次性徴」（「性」のちがいによって起こるからだの変化の特徴）が始まるのは、男女ともに小学校4年生ごろ、10歳前後とされています。ただし、変化し始める時期や発達の度合いには個人差があります。

第二次性徴の始まりからその終わりまでを「思春期」と呼び、この時期の子どもは、心よりも先にからだが変化します。「性ホルモン」が大人のからだをつくり始めるのです。性ホルモンは血液によって全身に運ばれ、大人のからだになるための変化をうながします。

少しずつ自分のからだが変化していくことに、きっと子どもたちは戸惑うでしょう。また、からだが変化することで生物学的な男女のちがいを認識し始め、同時に「はずかしさ」も芽生えていきます。

幼いころになんでも話せる環境づくりができていれば、幼少期よりもより具体的に、子どもたちは「性」の質問を投げかけてくると思います。内容が具体的になってくると、答えを返す親のほうがはずかしくなってきてしまうかもしれませんね。

それでも、「生きていくための知恵」を子どもに授けるためには平然と、そしてたんたんと「性」について子どもと話をしましょう。

ここからは、子どもの成長段階に合わせて、一歩踏み込んだ「性教育」を行っていきます。

# 思春期の女の子のからだ

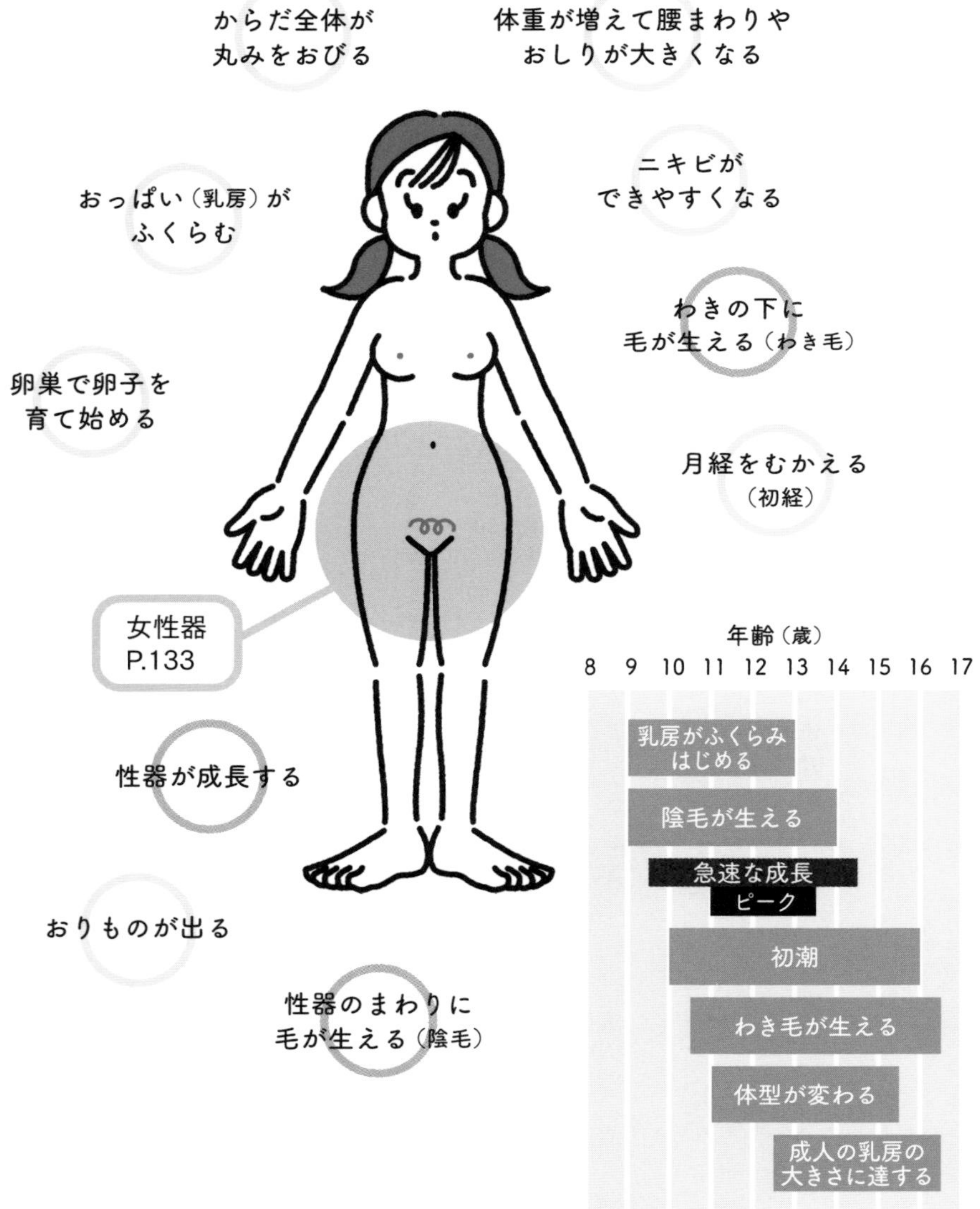

# 思春期の男の子のからだ

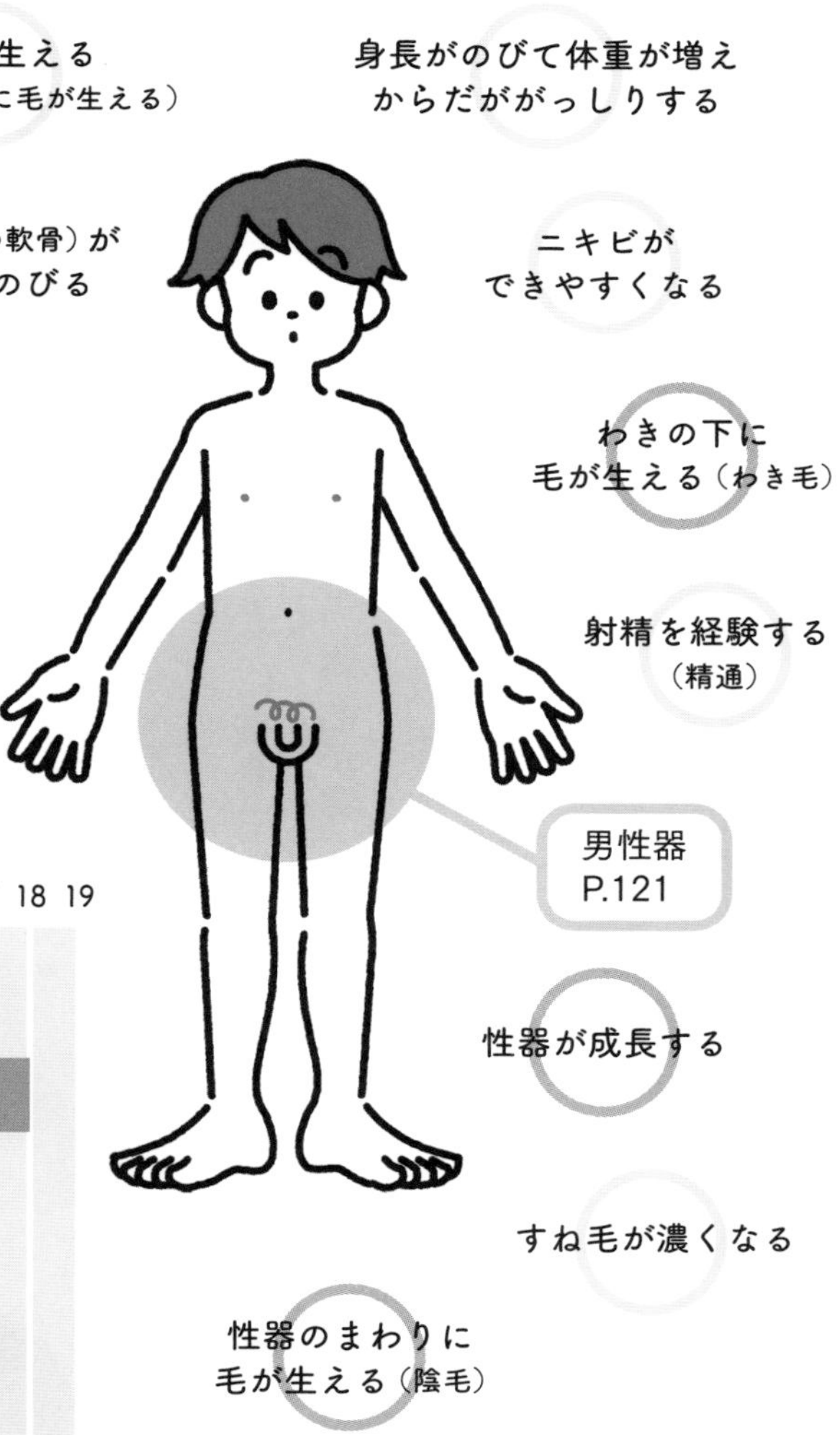


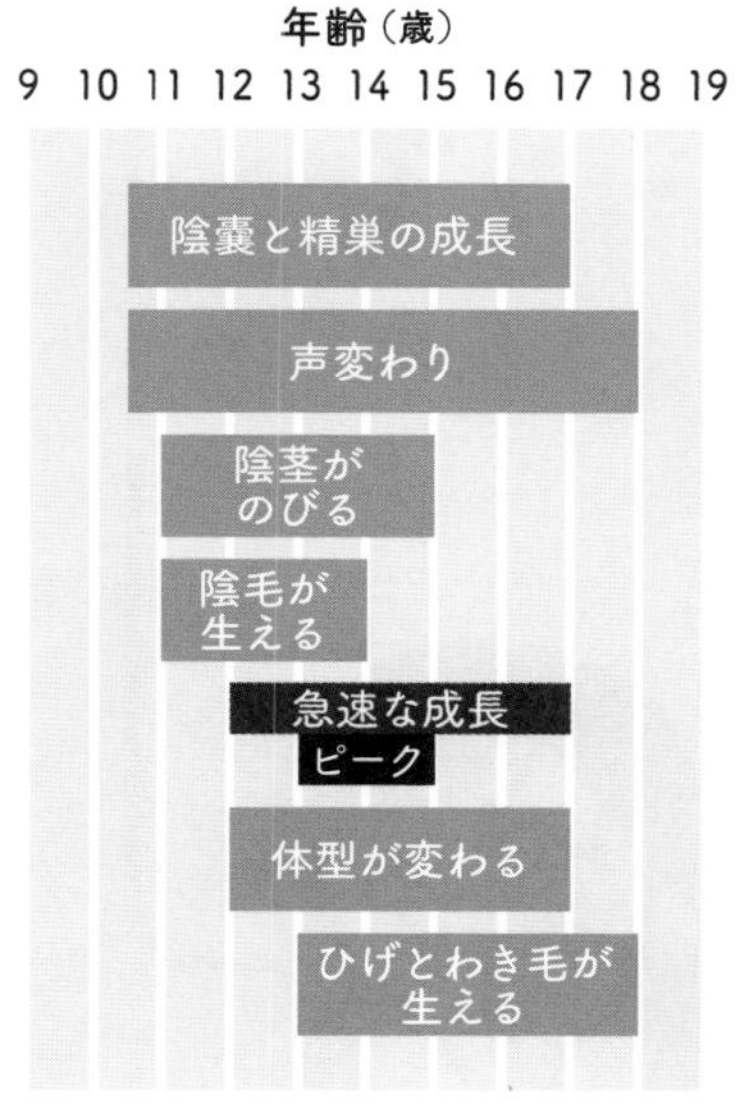

そうだん

# 毛が生えてきてはずかしい……

思春期をむかえると、男女ともに陰毛やわき毛がうっすら生え始めます。男の子はひげも生え、体毛が濃くなってきたりもします。女の子は胸がふくらんできて、はずかしいと思う子もいるでしょう。子どもが「はずかしい」と思うのは、自分が他の子とちがうと思ってしまったり、他の子に笑われたりしたからかもしれません。

## こたえ

**あなたは、はずかしいんだね。パパ（ママ）もあなたと同じ年ごろのとき、はずかしかったな。でも、大人になって自然なことだと思うようになったよ。**

**いいかえ**

体毛の生え方は個人差が大きいから、人とは比べられないんだよ。

## POINT

「はずかしい」と思う気持ちを否定せずに、子どもに共感を示してあげましょう。また、他の子のことを笑ったりしないよう個人差があることも伝えられるといいですね。なお、15歳になっても陰毛が生えない場合は外《がい》陰《いん》無《む》毛《もう》症《しょう》の可能性があるため、産婦人科や内分泌内科を受診することをおすすめします。

そうだん

# 声がへんになってきた気がする……

からだの成長にともなって声域や声質が変わり、男の子は低い声になります。「声変わり」（変声）は12～13歳ごろから始まりますが、なかには10歳ごろから始まる子どももいます。声がうまく出せずに違和感を覚えたり、イライラしたり、不安を感じることもあるため、声変わりのしくみを明らかにしてあげましょう。

## こたえ

# のどの軟骨が大きくなって、声を出す器官が変わり始めているんだよ。のどの筋肉がつけば、声が安定するよ。

**いいかえ**

声変わりが始まってから安定するまでは3か月～1年くらいかかるから、あせらなくてだいじょうぶだよ。

**いいかえ**

声も「個性」のひとつ。でも、声が変わってしまっても、あなたはあなたのままだよ。

## POINT

のどぼとけ（甲状軟骨）が出てきたら声変わりのサインです。声が安定するまでは無理に声を出そうとせず、のどに負担をかけないように伝えましょう。なお、15歳になっても声変わりしない場合は変声障害《へんせいしょうがい》の可能性があるため、耳鼻咽喉科を受診することをおすすめします。

そうだん

# 背が全然のびないんだけど……

身長ののびに大きな影響を与えるのは、4歳～小学校低学年までの子どもの場合は「成長ホルモン」、思春期以降は「性ホルモン」も関係してくるといわれています。背がのびないからといって不安に思ったり、あせったりしないように、子どもに言葉をかけてあげたいものですね。

## 2023年8月発売

**2度の本屋大賞を受賞した韓国人気作家、**
**ソン・ウォンピョンがおくる初の児童書！**

**自分、学校、友達…**
**悩みで心が苦しくなったときに読んでほしい物語**

**3巻同時発売**
（全9巻予定）

# 『威風堂々《いふうどうどう》 キツネの尻尾《しっぽ》』

文：ソン・ウォンピョン ● 絵：Mr. General Store ● 訳：渡辺麻土香
B6判／オールカラー ● 定価：1,100円＋税 ※デザインは変更になる可能性があります

子どもから大人へと心と体が成長する10代は、悩み多きお年ごろ。
小学4年生の主人公・ダンミもそんな思春期真っ只中。
**1巻**は、「うそっ、私は普通じゃない？」 人とは違う「自分」に悩んだら？
**2巻**は、「えっ、親友だと思ってたのに…」 友達関係に心がもやもやする…。
**3巻**は、「友達が“鬼”になっちゃうなんて！」 勇気の出し方ってムズカシイ…。

日本でも馴染みの深い妖怪「九尾のキツネ」の血をひく少女が、
悩んだり、失敗を重ねたりしながら成長していく青春小説です。
ページをめくっていくと、悩みから抜け出すヒントが、きっと見つかります。

**永岡書店** 〒176-8518 東京都練馬区豊玉上1-7-14 電話：03（3992）5155

こたえ

**身長ののびにはホルモンが関係しているよ。正しい生活リズムをつくることから始めてみようか。**

いいかえ

背がのびなくて悩んでいるんだね。まわりと比べてあせったりせずに、自分のペースで成長していければいいんだよ。

POINT

親も子どもも「筋トレをしすぎると背がのびない」「ランドセルが身長に影響を与える」など、医学的根拠のない情報にふり回されないようにしましょう。そして、規則正しい生活を送り、子どもにとってストレスの少ない環境を整えましょう。

そうだん

# 太っているからやせたい！

子どもが悩んでいるのは健康上の問題ではなく、数値（体重）や見た目（体型）です。もしかしたら、だれかに「太っている」と言われたのかもしれません。また、「ダイエットしてもいい？」と聞かれることもあるでしょう。そんなときは、こんな言葉がけもできますよ。

こたえ

# やせたいなら ごはんを減らすダイエットではなくて、いっしょにからだを動かそうよ。

いいかえ

美しい肌や髪、爪は、毎日の食事でつくられるんだよ。やせたくても食生活は大切にしようね。

**POINT**

子どもの肥満度や痩身度を測るときに用いられる「学校保健統計調査方式」「カウプ指数」「ローレル指数」などを基準に、親が体重管理をしてあげましょう。思春期は大事な成長期なので、食事の量を極端に減らしたり、過度なダイエットをさせたりしないこと。いっしょにからだを動かして遊んであげるといいですね。

そうだん

# わたしって、かわいくないから……

「アイドルみたいな顔になりたい」というあこがれの気持ちや、「かわいくないから整形したい」という劣等感など、今の自分の容姿を変えたいと思っている子どもは少なくありません。まずは親がありのままのその子を「かわいい」と思っていることが伝わるように、愛情を込めて言葉をかけてあげましょう。

こたえ

## どうしてそう思うの？
## パパとママは、あなたのすべてがかわいくて愛おしいと思っているよ。

いいかえ

かわいいかかわいくないかは、
見た目だけじゃないし、
人それぞれ価値観がちがうんだよ。

いいかえ

見た目は年をとれば変わっていくもの。
自分で磨ける「個性」を大事にしようよ。

**POINT**

子どもが自分の容姿に悩んでいるからといって、子どもの見た目ばかりをほめないようにしましょう。子どもを見た目で評価するのではなく、その子のありのままを受け入れてあげることが大切です。

解説

# 子どもが感じていることを受け止める

思春期をむかえると、男の子の場合はひげが生えてきて、女の子の場合は胸がふくらみ始め、不思議に思ったり、はずかしさを覚えたり……。からだの変化に戸惑う子どもは少なくありません。

また、自分の容姿を気にし始めるころでもあり、特に女の子は早いうちからおしゃれにも敏感になります。小学生の8割近くが「日ごろからメイクの経験あり」という調査結果もあるなど、おどろくばかりです。

整形やダイエットに関しては、人それぞれ考え方がちがうとは思いますが、「良い・悪い」のものさしで測らないでほしいと思います。

子どもが感じていることをありのまま受け止めてあげて、やってみたいと思うことは否定せずに、いっしょに調べたり、子どもの自己肯定感を高めてあげる言葉をかけてあげましょう。

ただし、いくらやってみたいことであっても、危険なことは「やらない」、お金がかかることは「できない」ことを伝えましょう。

「メガネでもかわいいのに〜」とママはちょっぴり残念。小学生にもなると、
女の子は“同性の目”を気にするようになるんですね。

しつもん

# ちんちんってなんで大事なの？

「ちんちん！」と大きな声でさけんで喜んでいた子どもも、小学生ともなると性器に対する興味のもち方がずいぶん変わってきます。子どもに自分のからだのしくみや役割を正しく伝えられるように、親のほうもからだや「性」について知識を深めておきたいですね。

## こたえ

**ちんちんには大切な役目が2つあるんだよ。**
**ひとつは、おしっこをするときに必要だよね。**
**もうひとつは、命のもとを運ぶ**
**大切な通り道なんだよ。**

**いいかえ**

ちんちんは「陰茎」といって、
その先から尿や精子が出てくるんだ。
からだの健康や妊娠にかかわっているんだよ。

## POINT

陰茎の役目を教えることで、命のうまれ方を説くことができます。また、親の抵抗がなければ、正式名称で伝えてあげるのもいいでしょう。子どもは知らない言葉を耳にして、さらに関心を寄せるようになり、新たな知識が身につくきっかけになるでしょう。

しつもん

# 精子ってなあに？どこに入っているの？

小学校4年生の保健の授業で「精通」と「初経」を習うと同時に、「精子」と「卵子」についても学びます。そして、5年生の理科の授業で「ヒトのたんじょう」を習い、「受精卵」という言葉を知ります。学校で学んだことを家庭ではどのように教えるか、どのように教えたいかを考えてみましょう。

こたえ

**赤ちゃんの命のもとになるんだよ。**
**〝オトナスイッチ〟が入ると、ちんちんの根元に2つある「精巣」の中でつくられるようになるんだよ。**

いいかえ

精子は命のもとになる生きもの。精子が卵子と出会って「受精」すると、赤ちゃんの命がうまれるんだよ。

POINT

「**おたまじゃくしのような形をしているんだよ**」と精子のイラストを見せたり、実際に精子が動いている動画を見せたりすると、より理解が深まるでしょう。おたまじゃくしのように尻尾をふって動く精子の姿を見ると、きっと感動すると思いますよ。

解説

# 「男性器」の名称としくみについて

男性の「精巣」（睾丸）には2つの役割があります。ひとつは、精子をつくること。もうひとつは、からだの成長や発達に必要な男性ホルモン（テストステロン）を生成・分泌することです。

精巣はとても血流がよく、温度の変化や圧迫にとても敏感なので、大切に守るように教えてあげましょう。

精巣を包んでいる袋は「陰嚢」と呼ばれ、暑いときはしわをのばして熱を放出し、寒いときはしわを縮めて熱の放出を防いでいます。

精巣は体内温度（37度）よりも2～3度、低めの状態でもっとも活発なはたらきをします。陰嚢が外にぶら下がっているのは、こうした理由があるからなのです。ちんちんはむやみに温めすぎないようにしましょうね。

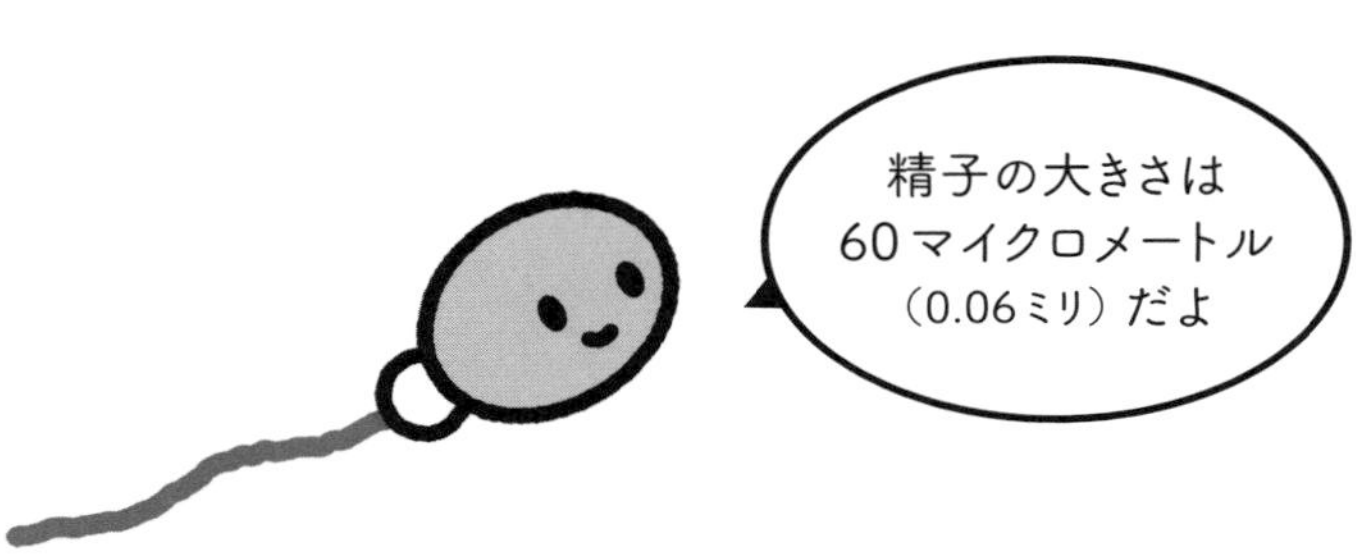

# 男性器

男の子の性器は、「陰茎」と「精巣」だけが外から見えるところにあります。精巣では、赤ちゃんの命のもとになる「精子」がつくられます。精子を外に出すための通り道が「精管」です。「精嚢」は精液の一部であるアルカリ性の分泌物（精嚢液）を出すところです。

精子は思春期になると
つくり始められ、
毎日つくられるんだよ

精巣の中で１日に
5000万～１億個の精子
がつくられているんだよ

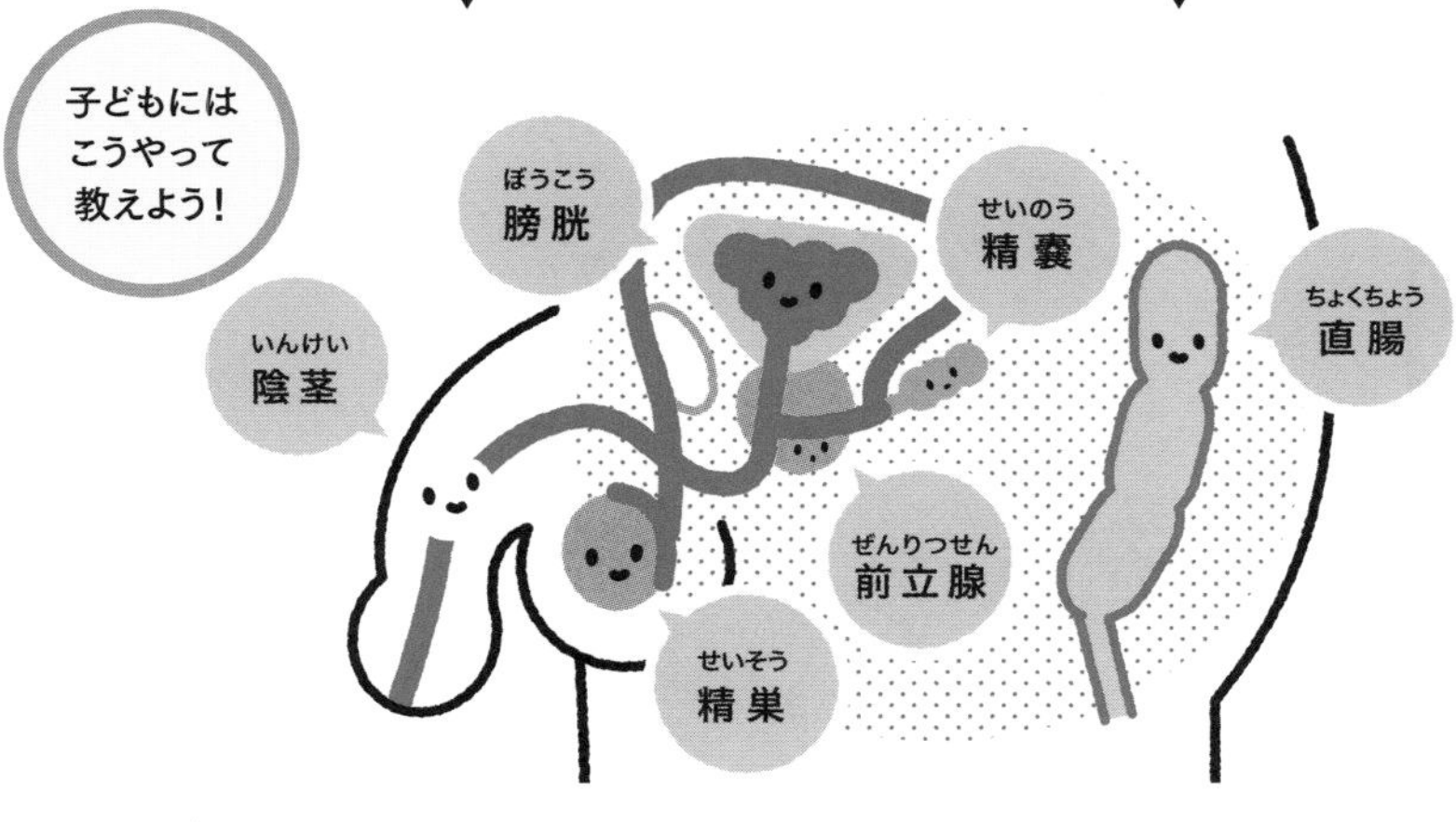


年をとっておじいさんに
なると精子の数は少なく
なるけれど、それでも毎日
つくり続けられるんだよ

おしっこの通り道（尿道）と
精子の通り道（精管）は、
途中からいっしょに
なるんだよ

そうだん

# ちんちんが勝手に大きくなるときがある……

思春期をむかえると、男の子のちんちん（陰茎）は大きくなり始めます。刺激がなくても自然にかたくなって立っていることもあるため、子どもはびっくりしてしまうでしょう。子どもが不安がっているときはまず安心させてから、からだのしくみを教えてあげてくださいね。

こたえ

**それは「勃起」※っていうんだよ。ちんちんが1日に何度も立つのは、自然なことだから心配しないでね。**

プラスして

ちんちんが大きくなって
おしっこ以外の白いものが出たときは、
パパやママに教えてね。

※「勃起」：陰茎が刺激されたり（性的刺激）、エッチなことを考えたり（性的興奮）して、陰茎がふくらみかたくなること

**POINT**

突然の出来事におどろいてしまうかもしれませんが、子どもが自分のからだの変化を親に伝えられる環境づくりができていることと、子どもの成長は喜ばしいことです。心を落ち着かせて、子どもに正しい知識を教えてあげましょう。

# 射精

## 射精までの精子の通り道
（勃起した状態のイメージ）

陰茎の先（亀頭）から白いネバネバした液体（精液）が出ることを「射精」といい、初めて射精することを「精通」と呼びます。精巣に蓄えることができる精子の数は、最大10億個。1回の射精で1～5ミリリットルの精液が放出され、およそ1億～4億個の精子を出すことができます。そのため、2～3日に1回程度、射精をすると、精子の質を保つことができるといわれています。

4 尿道（おしっこの通り道）が収縮して、尿道口（おしっこの出口）から精子を含んだ精液が放出されるんだよ

3 精子は精管を通って精嚢で再び蓄えられた後、精嚢液によって成熟するよ

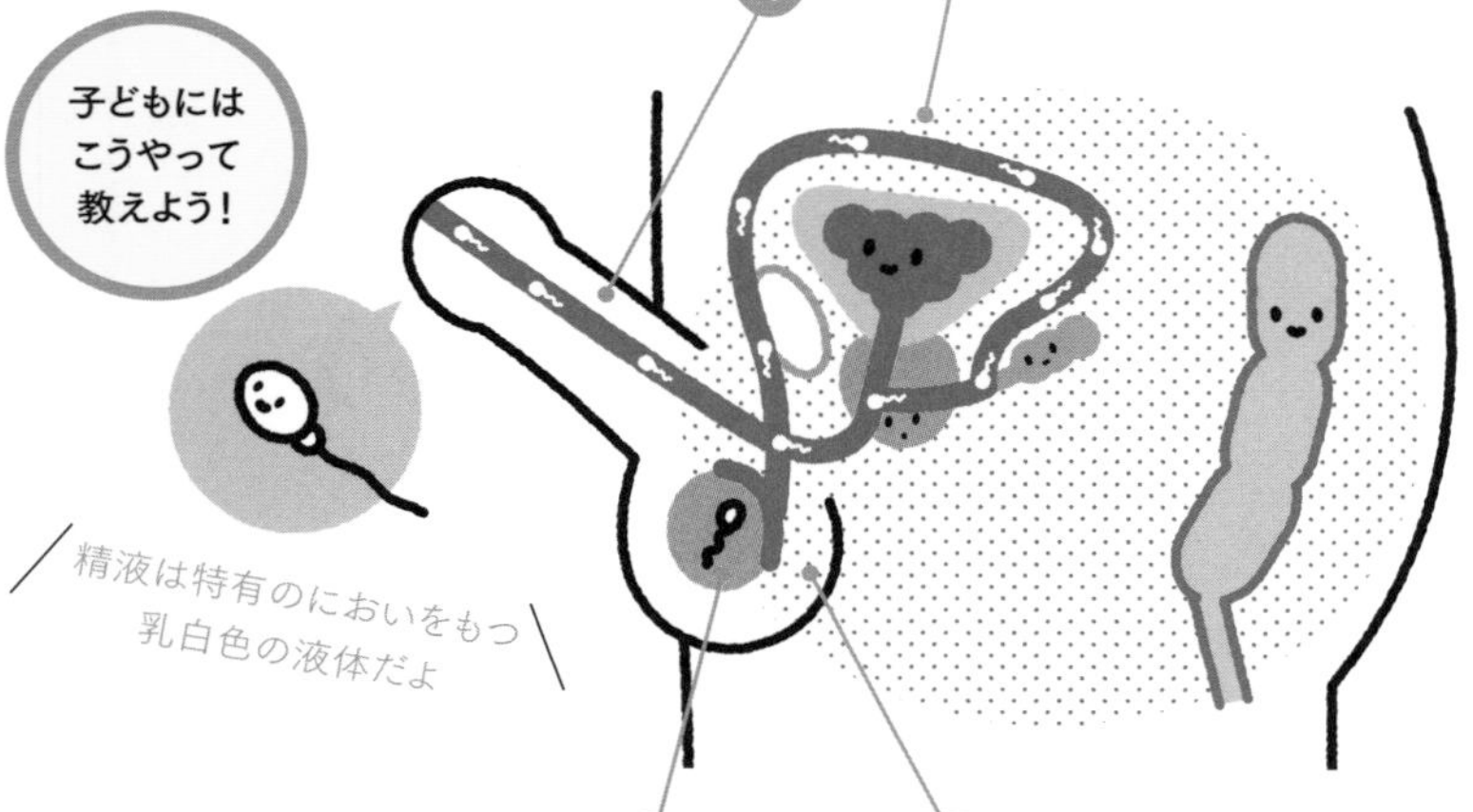


1 まず精巣の中の精細管で精子がつくられるんだよ

2 精子は精巣上体（副睾丸）に一時的に蓄えられるよ

15歳になっても勃起した状態で陰茎の長さが4センチに満たない場合、小陰茎症（しょういんけいしょう）の可能性があるため、泌尿器科を受診することをおすすめします。

column

# セルフプレジャーのお約束

「セルフプレジャー」とは、自分で行う性的欲求を満たす行為のことで、自慰行為、マスターベーション、オナニーなどともいいます。

精通をむかえた男の子の場合は陰茎に刺激を与えて射精をすること、女の子の場合は陰核（尿道口の上にある豆粒のような形のふくらみ）にふれることで、性的快楽を得たりしています。

セルフプレジャーをしすぎるのを心配する方もいると思いますが、心身の健康や発達に悪い影響はありません。子どもに「たくさんしてもいいの？」と聞かれることがあったら、「お約束を守れれば、1日に何回してもいいよ」と伝えましょう。

## 子どもに伝えておきたい［5つのお約束］

❶ プライバシーが守られる空間（一人になれる場所）、リラックスできる場所で行うこと（トイレ、お風呂、自分の部屋、ふとんの中など）

❷ 人に見せたり、人から聞き出したりしないこと ➡ 相手の「同意」がないものは性暴力につながることもあると教えましょう

❸ 手指を清潔に保つこと（手を洗う、爪を短く切るなど）

❹ プライベートゾーンにはやさしくふれること ➡ 性器はデリケートで傷つきやすいことを伝えましょう

❺ 自分で後片づけをすること（ティッシュはゴミ箱に捨てる、精液のついた下着などは洗うなど）

## まわりの大人が気をつけるべき［3つのポイント］

❶ 子どものセルフプレジャーを目撃した場合、責めたりしかったりしないこと

❷ 子どもにセルフプレジャーについて質問された場合、冷静に対応すること

❸ 子どものプライバシーを尊重すること（部屋のドアをノックして子どもの返事を待つなど）

そうだん

# ネットでエッチな写真や動画を見るとむずむずしちゃう……

性的な写真や動画を見ること自体はいけないことではありません。性的な表現にからだが反応してしまうのも自然なことです。親はそのことを責めたり、「何やってるの！」と頭ごなしにしかったりせずに、子どものからだが成長していることに目を向けてはいかがでしょうか？

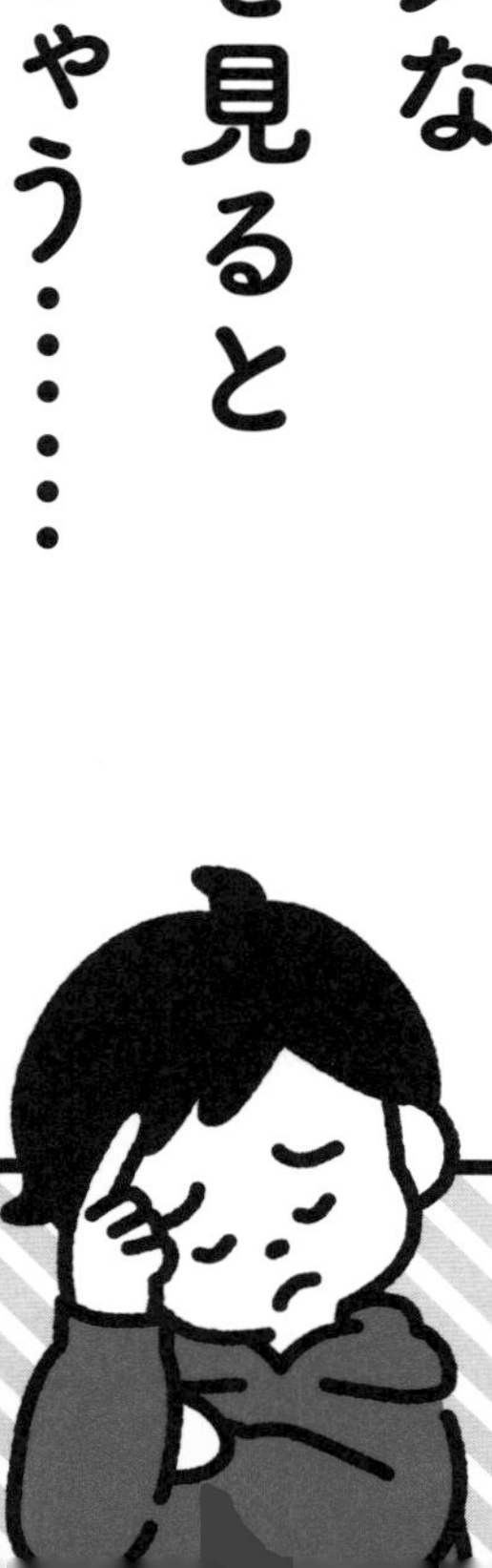

こたえ

## 〝オトナスイッチ〟が入ったんだね！ それは成長している証だから、だいじょうぶだよ。

いいかえ

それは自然なことなんだよ。
ただ、エッチな動画を見て
いやな思いはしなかった？

いいかえ

そのウェブサイトは
自分で検索して探したの？
それとも、だれかに教えてもらったのかな？

**POINT**

エッチなものへの興味がおさえられなくなるのは、子どものなかの「性」の扉が開いた証拠。いよいよ思春期に突入です。もしエッチなウェブサイトを見ていたら、子どもがショックを受けていないか気づかってあげてくださいね。また、フィルタリング機能や「制限付きモード」機能も設定するようにしましょう。

## 解説 ネットを見るときにはお約束を！

インターネットが身近な存在となった今、子どもがどんな情報にふれているのか、それが性的な情報であったら、なおさら心配になりますよね。子どもがこそこそスマホを使っていたり、トイレにもち込んで何やら熱心に見ていたりするときは、性的な写真や動画を見ているかもしれません。たとえエッチなウェブサイトの閲覧履歴を見てガクゼンとしても、性に興味をもち始めること自体は自然なこと。「見てはダメ！」とは言わずに、インターネットをむやみやたらに使って見るのは危ないということを指摘しましょう。また、フィクションが混ざっていることも子どもに教えられたらいいですね。そして、ネットを見るときのお約束をしましょう。

**子どもに伝えておきたい【3つのお約束】**

❶ スマホ（タブレットやPC）を使いたいときは、ママやパパに声をかけること
❷ スマホ（タブレットやPC）は、ママやパパがいるところで使うこと
❸ いやな気持ちになったり、もやもやしたりしたら、ママやパパに知らせること

子どもがインターネットで性的な写真や動画を見ていたことがわかっても、しかりつけたりしないように。どうやって検索したのか、なぜそのサイトを見るにいたったのか確認しましょう。

しつもん

# 卵子ってなあに？ いくつあるの？

子どもに卵子の数を聞かれて答えられる親はどのくらいいらっしゃるでしょうか。質問されてわからなかった場合、すぐに答えなくてもだいじょうぶ。「**ちょっと調べさせてね**」と親でも知らないことを正直に伝え、あとできちんと正しい知識を教えてあげましょう。

## こたえ

**赤ちゃんの命のもとになるたまごのこと。女の子はうまれてくるとき、卵巣の中に200万個くらいもっているんだよ。**

プラスして

女の子は一生分の卵子をもってうまれてくるんだよ。
そして少しずつ減っていくの。
あなたの年ごろだと、20万〜30万個くらいかな。

## POINT

女の子は胎児になる前から卵子をもっています。そのことを知ったら子どもはおどろいて、命の誕生にますます興味を示すかもしれませんね。また、精子は精巣で毎日つくられますが、卵子は増えることはなく減り続けます。男女の生殖器のしくみのちがいをいっしょに教えてあげるのもいいですね。

**解説**

# 「女性器」の名称としくみについて

女性の「卵巣」は左右に1つずつあります。とても小さな臓器で、うずらの卵くらいの大きさです。卵子をつくり育てて蓄えるところで、毎月どちらか一方の卵巣が排卵を行います。

また、主に2種類の女性ホルモンを分泌する役割を担っています。ひとつは卵胞ホルモン（エストロゲン）、もうひとつは黄体ホルモン（プロゲステロン）です。これらは月経にかかわってきます。

排卵とは、卵巣から卵子が飛び出すこと。「子宮」から左右にのびるイソギンチャクのような形をした「卵管采」が卵子を受け止め、卵子は「卵管（膨大部）」で精子がやってくるのを待つのです。

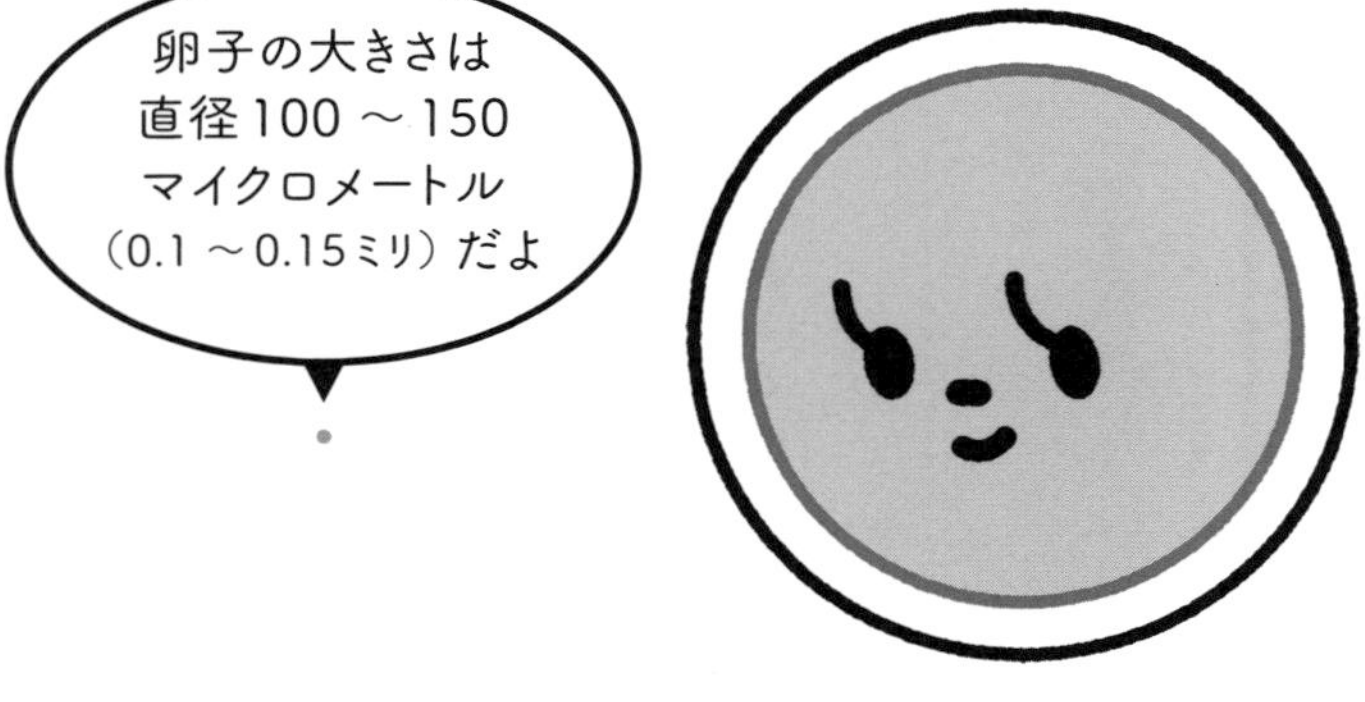


※「月経血」：子宮内膜がはがれ落ちて血液とともに排出されたもの

# 女性器

女の子の性器は、おなかの中にあります。2つの「卵巣」で、赤ちゃんの命のもとになる「卵子」がつくられます。「子宮」は赤ちゃんを育てるお部屋です。赤ちゃんは「膣」という〝命の道〟を通ってうまれてきます。膣は精子を子宮に導き入れるところでもあり、「月経血」※の通り道でもあります。

**［子宮］妊娠したときに、赤ちゃんのための〝ふわふわおふとん〟を育てるところ。妊娠しないと、そのおふとんがはがれ落ちて「月経」になるんだよ**

**［卵巣］卵子が蓄えられているところ。左右に1つずつあって、毎月どちらかからに1個ずつ卵子を外に飛び出させるんだよ。これを「排卵」っていうんだよ**

子どもには
こうやって
教えよう！

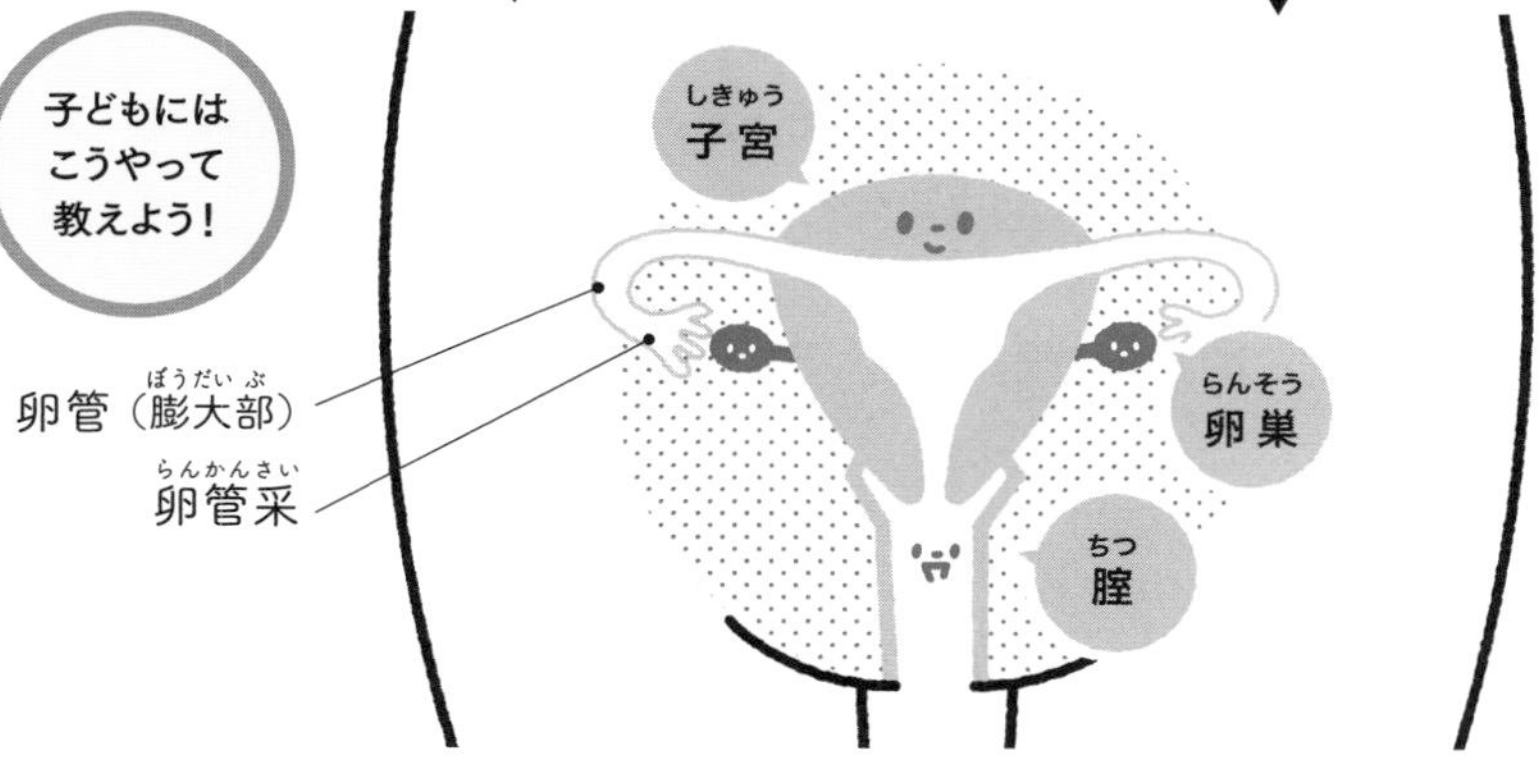


**［膣］主に3つの役割があるよ。①精子の入口、②赤ちゃんがうまれる道、③月経血の出口になるんだよ**

**［卵管（膨大部）・卵管采］卵管は左右に1つずつあって、卵管采が飛び出てきた卵子をキャッチするよ。精子が入ってきて卵子と出会えたら、卵管（膨大部）で赤ちゃんの卵（受精卵）になるんだよ**

column

# 卵子にまつわる基礎知識

## 排卵されなかった卵子は減っていく

月経周期が28日の女性が排卵する卵子の数は、1年で13個（365日÷28日＝約13個）。初経から数えて月経が40年間あったとして、実際に排卵されるのは、胎生期につくられた約700万個の卵子のうち、たった520個（13個×40年＝520個）です。1か月に一度、排卵する際に、卵巣内の卵子は数百〜数千も減るといわれています。そして、閉経（月経が永久に停止した状態）をむかえるころには、卵子の数は1000個程度になります。卵巣につくられた卵子のうち実際に排卵されるのは、実に0.01％なのです。

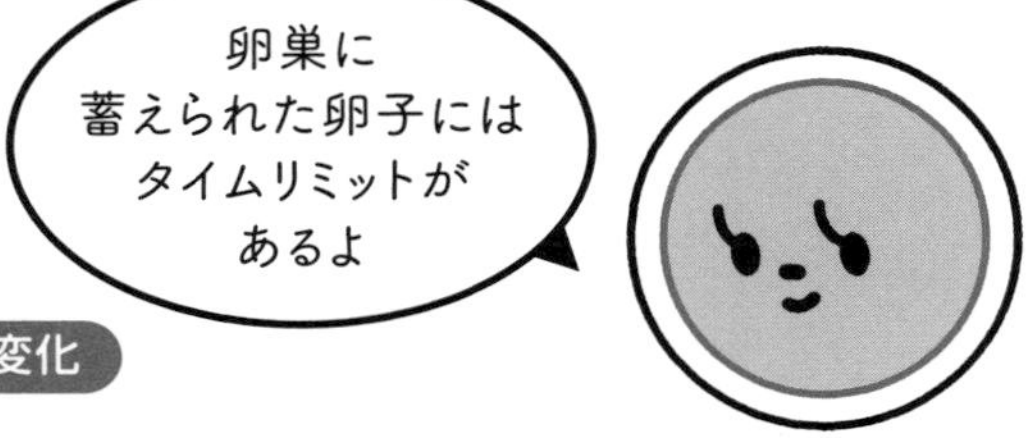


**女性の一生と卵子の数の変化**

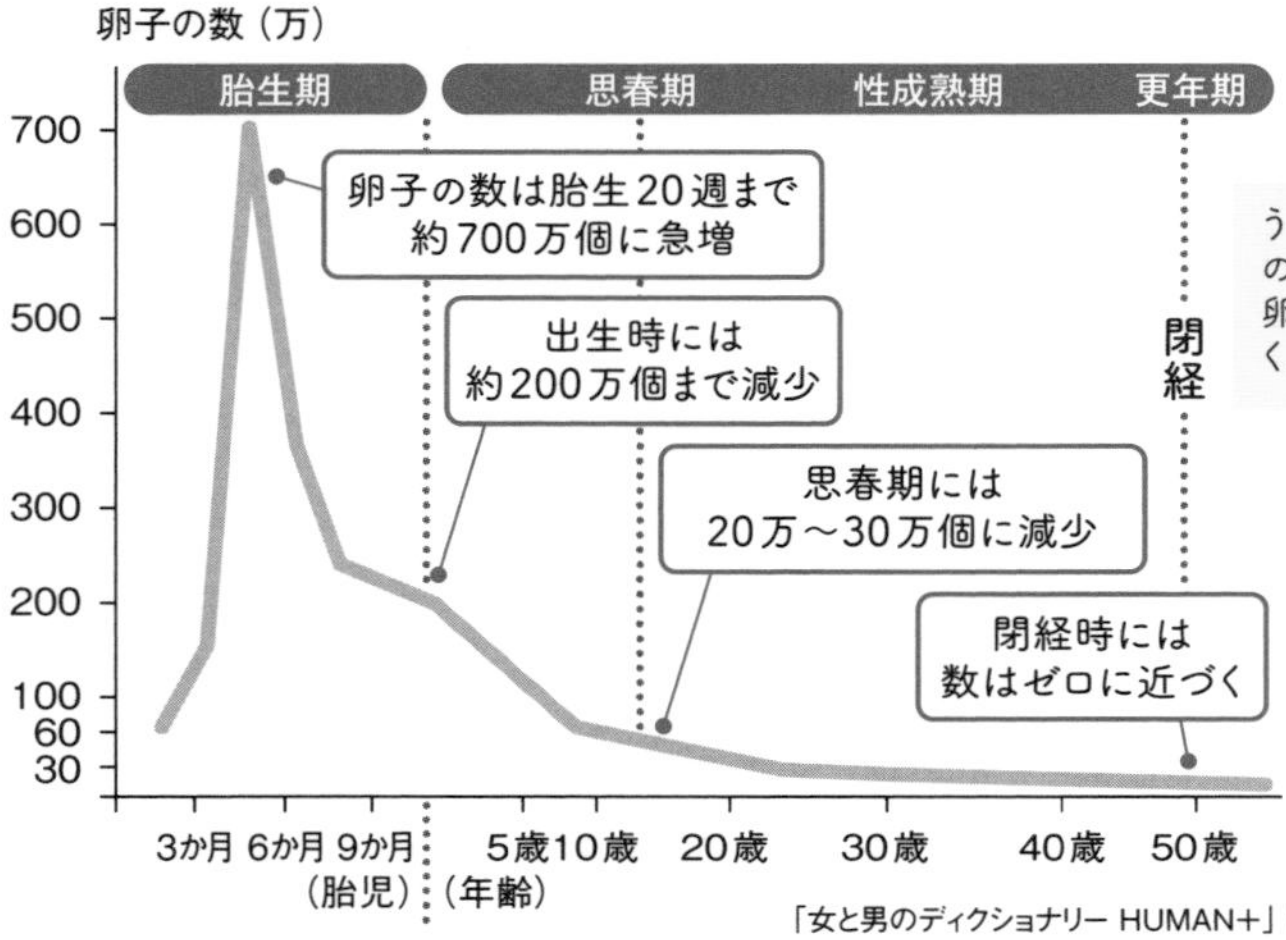


うまれたときに一生分の卵子をもっています。卵子は増えることはなく、減り続けます。

「女と男のディクショナリー HUMAN＋」（日本産科婦人科学会）より

## 女性のライフサイクルの変化

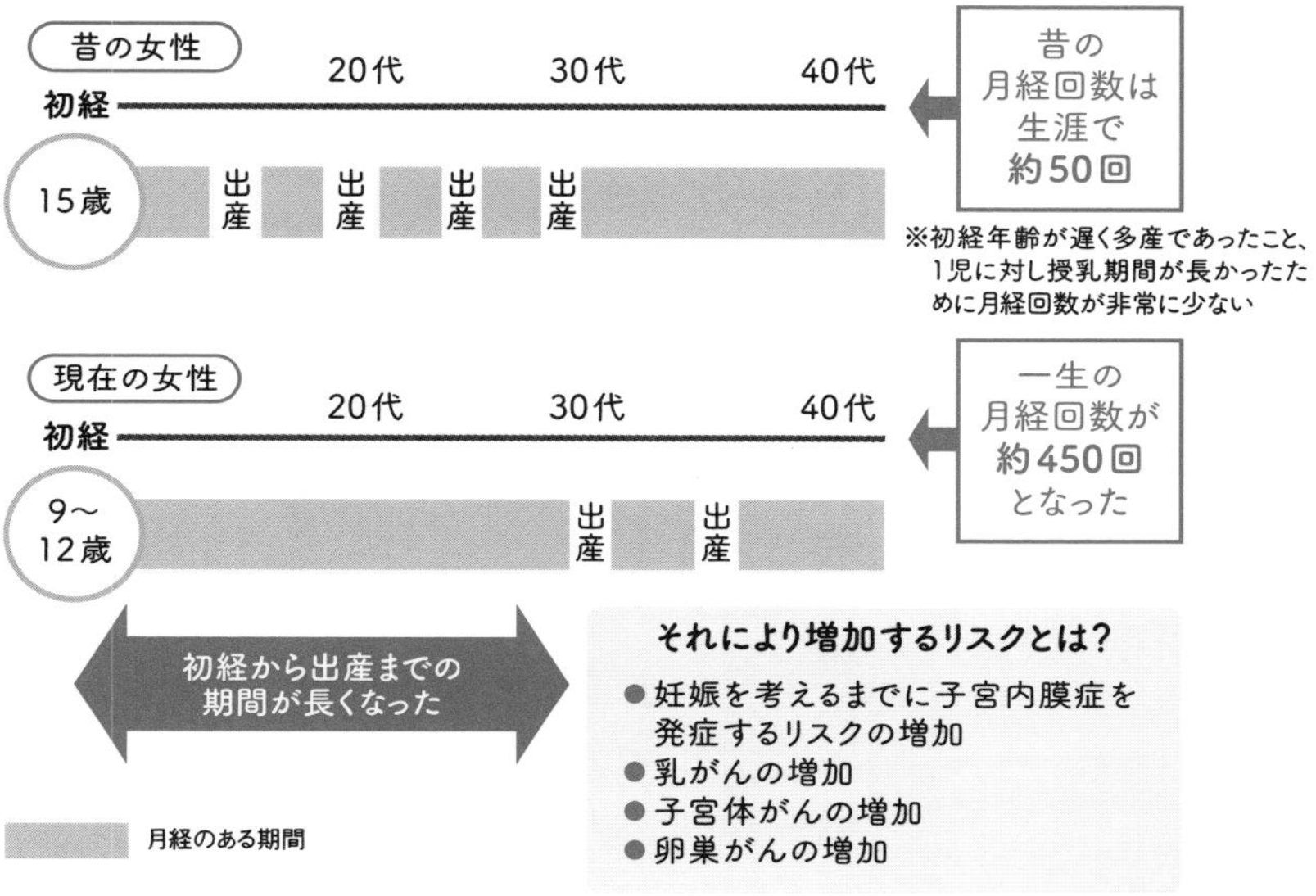


## 卵子は「数」だけでなく「質」も低下していく

卵子は年齢とともに数が減少するだけでなく、質も低下（老化）します。卵子の数が減って質が下がってくると、妊娠率の低下や流産率の増加が起こります。また、高齢出産では染色体異常[※1]の発生頻度が増加し、胎児の状態に影響を与えることもあります。現在、厚生労働省では「高齢出産」を初めてのお産（初産）で35歳以上としています。女性の社会進出や晩婚化などによるライフスタイルの変化にともなって初産の年齢が30代前後（平均年齢30.9歳）[※2]となり、不妊治療の技術の進歩などから高齢で出産する人も増えています。子どもが将来、赤ちゃんをうみたいと思うようになったとき、出産のタイミングを考慮したライフプランを考えられるようにアドバイスできるといいですね。

※1「染色体異常」：ヒトの遺伝情報・DNAの数や構造の異常
※2 厚生労働省調査（2021年）より

しつもん

# 生理っていつくるの？

「急に生理がきたらどうしよう」「生理って血が出るんでしょ？」「生理って痛くないの？」と不安に思っている女の子たち。こんな生理にまつわる質問や相談を受けたら、できるだけ具体的に説明して、子どもにとって「生理はこわくないもの」にしてあげられるといいですね。

## こたえ

# だいたい10〜14歳くらいだよ。突然きてもあわてないように、準備しておこうね。

**いいかえ**

何歳になったら生理になるのかは人によってちがうよ。早すぎるとか遅すぎることはないからね。

**POINT**

初潮が始まる1年くらい前から「おりもの」※が出てきます。そろそろ生理をむかえる準備を始めましょう。子どもの下着の汚れに気がついたら、親のほうから**「最近、気になっていることはない？」**などと子どもに声をかけてあげましょう。

※「おりもの」：子宮・膣・汗腺からの分泌物が混じり合った粘性のある液体

## 解説

# 「月経」をむかえると妊娠できるように

初めてむかえる月経を「初潮」といいます。

女の子は成長すると、おなかの中に赤ちゃんをむかえられるようにからだが変化し始めます。

月経をむかえると、だいたい1か月くらいのリズムで、卵巣から赤ちゃんの命のもとになる卵子が飛び出します。卵子が精子と出会って受精卵にならなかったときは、赤ちゃんのために準備していた子宮の〝ふわふわおふとん〟（子宮内膜）が少しずつはがれ落ちて、膣を通って外に出ていきます。これが月経のしくみです。女の子のからだは、このサイクルを12～50歳くらいまで毎月くり返すのです。

また、妊娠した場合や排卵が行われなかった場合は、月経がこなくなります。

自分のからだや心の状態の変化に気づくためにも、毎日、基礎体温を計り続けて月経周期を把握することが大切です。

陰毛や乳房発育などの第２次性徴が正常であるにもかかわらず、15 ～18歳までに初経がない場合は「原発性無月経」と呼ばれます。まれに子宮や卵巣に異常がある可能性があるため、婦人科を受診することをおすすめします。

# 月経

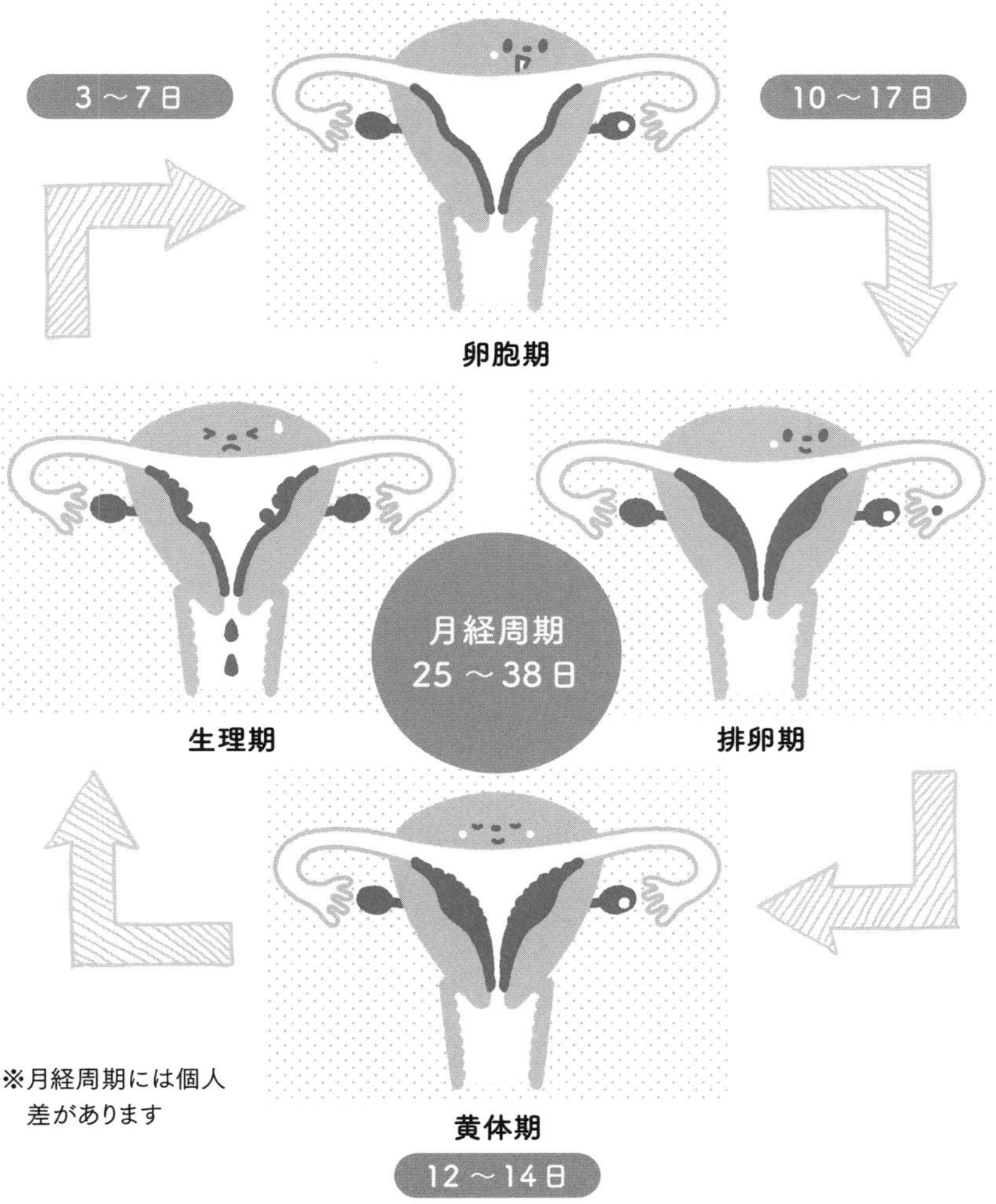


「月経周期」は月経が始まった日を１日目として、次の月経が始まる前日までの日数のこと。25 〜 38日が正常範囲です。思春期の場合、成長期であるため不安定になりがちですが、20歳くらいまでには安定してきます。

column

# 月経にまつわる基礎知識

子どもが月経をむかえる前に教えておきたい基本的なことを説明しやすいように簡単にまとめておきました。

ここでは、基礎体温や生理用品について確認しましょう。

## 基礎体温

月経周期には「基礎体温」が関係しています。基礎体温とは簡単にいうと、眠っている間の体温のこと。眠っているときは自分で測れないため、基本的には朝目覚めてすぐに測ります。基礎体温は、低温期と高温期のふたつの時期にわかれ、一定のサイクルでくり返されます。排卵すると体温が上昇して次の月経まで2週間ほど高温期が続き、月経をむかえると低温期に入ります。このサイクルの変化がからだの状態を知る手がかりになるのです。

〔基礎体温の測り方〕
- 基礎体温計で測る
- 起床前に、舌の下で検温する
- 月経管理アプリなどで毎日体温を記録する

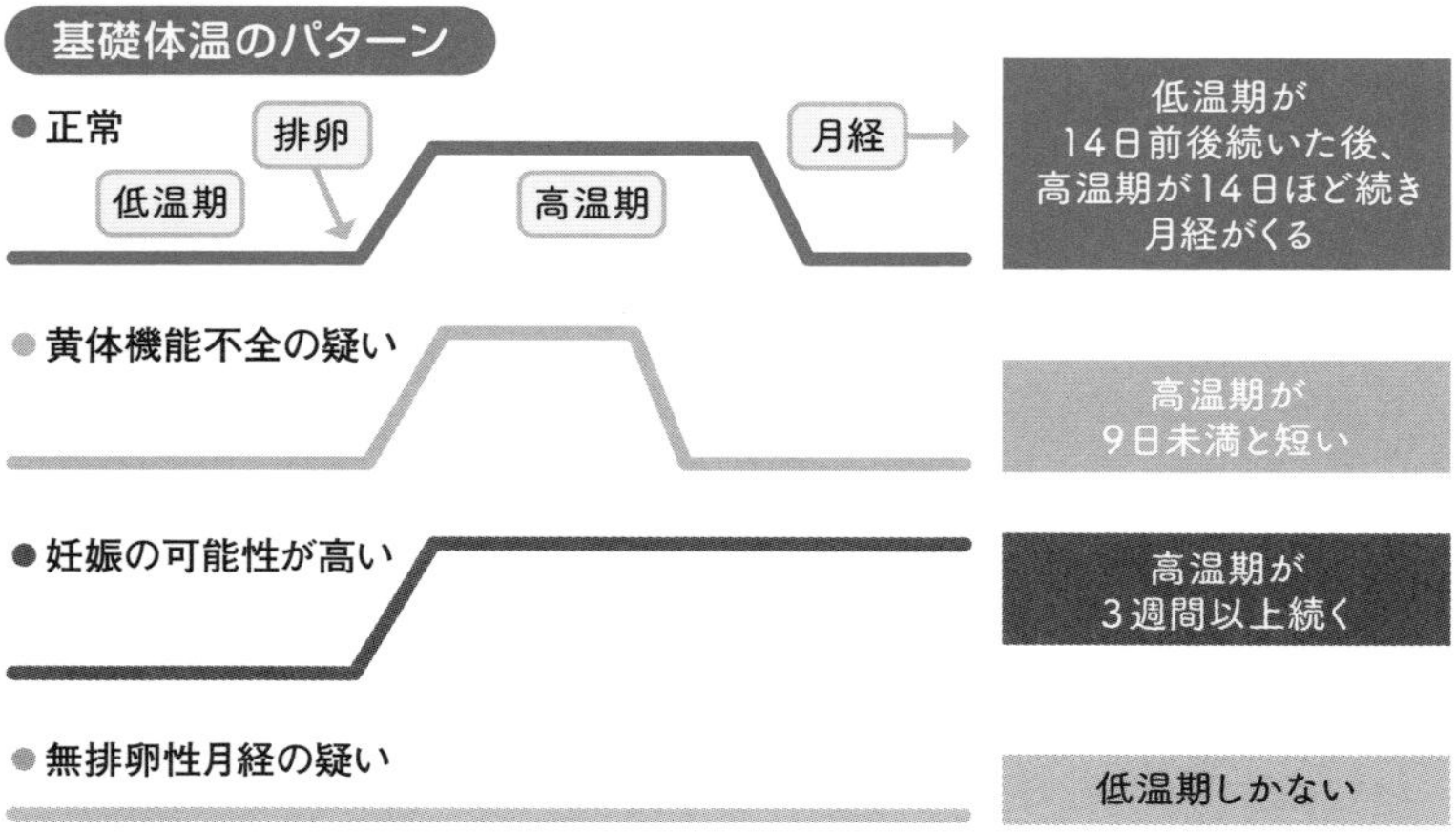

## 生理用品

月経の出血持続日数は、3～7日(平均4.6日)。子どものライフスタイルに合った生理用品を正しく使えるようにアドバイスしてあげましょう。

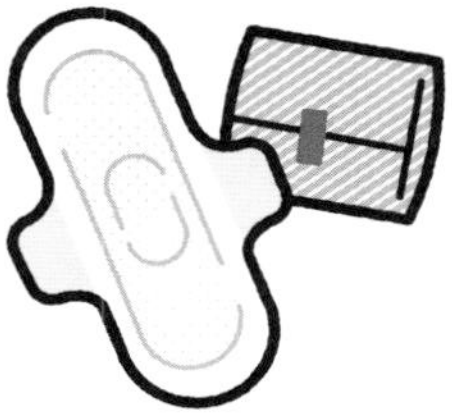

ナプキン

ナプキンは生理用ショーツに取りつけ、月経血が出てくる膣にあてます。ナプキンはこまめに交換するのが基本ですが、長時間替えられないときは、夜用や長時間用を。運動をするときは羽つきタイプがおすすめです。

[月経のときのエチケット]

- ナプキンを捨てるときは月経血がついているほうを内側にしてたたみ、ナプキンの外袋やトイレットペーパーに包むこと
- ナプキンは備えつけの容器に捨て、絶対にトイレに流さないこと
- トイレから出るときは、まわりをよごしていないか確認すること
- 生理用ショーツに月経血がついてしまったら、なるべく早めにぬるま湯で洗うこと

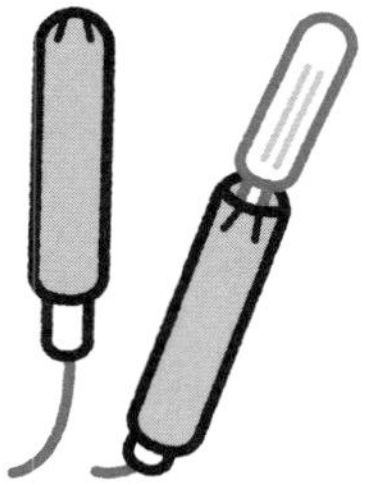

タンポン

小さなスティック状のもので、膣の奥のほうに押し込んで使います。からだの中で月経血を吸収するので、プールにも温泉にも入れます。連続使用時間の目安は8時間くらいまで。入れっぱなしにすると、感染の危険性も出てくるのでご注意を！

月経カップ

膣内に挿入して月経血を溜める月経カップは、煮沸消毒して何度も使えます。ゴミが出ないので環境にやさしい生理用品としても注目されています。子どもには少し扱いが難しいかもしれません。

そうだん

# 生理のとき、おなかが痛くなるのって病気なの？

「生理痛」（月経痛）は、生理の直前から生理中にかけて子宮が収縮するために起きる下腹部や腰の痛み、おなかの張りのこと。膣から月経血が出てきてこわがる子どももいると思います。月経はケガでも病気でもないことを教えてあげて、子どもが不安に思う気持ちを軽くしてあげましょう。

こたえ

## おなかが痛くなっても病気ではないけれど、あまりつらいようだったら、ママや保健室の先生に知らせてね。

**プラスして**

おなかが痛かったらがまんしないで、
すぐに教えてね。
生理のお薬もあるから安心してね。

**プラスして**

生理前に不調が起こることがあるよ。
でも、いろんな対策があるから、
心配しなくてだいじょうぶだよ。

**POINT**

生理痛がひどく生活に支障をきたすような場合は、「月経困難症」の可能性があります。痛みがひどくて学校を休むようになったり、鎮痛剤を飲む頻度が増えてきていたり、効かなくなっているようであれば、婦人科を受診することをおすすめします。

## 解説 子どもだって月経痛はつらいもの！

月経時の症状は人それぞれ異なり、大人よりも月経痛をつらく感じる子どもも少なくありません。カレンダーにチェックを入れるなどして子どもの月経周期を把握し、体調を気づかってあげるといいでしょう。また、子どもの月経トラブルに対応できるように、親のほうも正しい知識を身につけておきましょう。

**［月経痛になったときの対処法］**

- 軽い運動やストレッチをすると◎。ただし、症状が重い場合は安静にすること
- 鎮痛剤は痛みはじめたときに服用するのが効果的なので、早めに服用すること
（痛みのピークに飲むと効果が得にくいことも）
- 生活リズムやからだの冷えに気をつけること
（ホルモンバランスが整って血行がよくなると、月経痛の改善が期待できる）
- 食べものや飲みものに気をつけること
（砂糖の摂りすぎはイライラや情緒不安定の原因になることも）

思春期になると〝異性の目〟を意識し始めます。月経に関しては、パパはサポート役にまわってあげるといいかもしれませんね。

column

# 月経トラブルの基礎知識

子どもが月経痛などのトラブルに悩まされたとき、親が適切に対処することで子どものからだと心をケアすることができます。ここでは親が身につけておきたい基本的な知識をお伝えしましょう。

## 月経のしくみ

月経周期には女性ホルモンが関係しています。月経がくるということは、ホルモンが正常にはたらいている証拠です。また、月経周期と連動するようにからだと心も変化します。基礎体温をつけて自分のからだのリズムを把握し、体調の変化やその兆しをキャッチしましょう。なお、月経周期が乱れたり日常生活に支障があったりする場合は、医療機関を受診することをおすすめします。

### 基礎体温とホルモンの変化

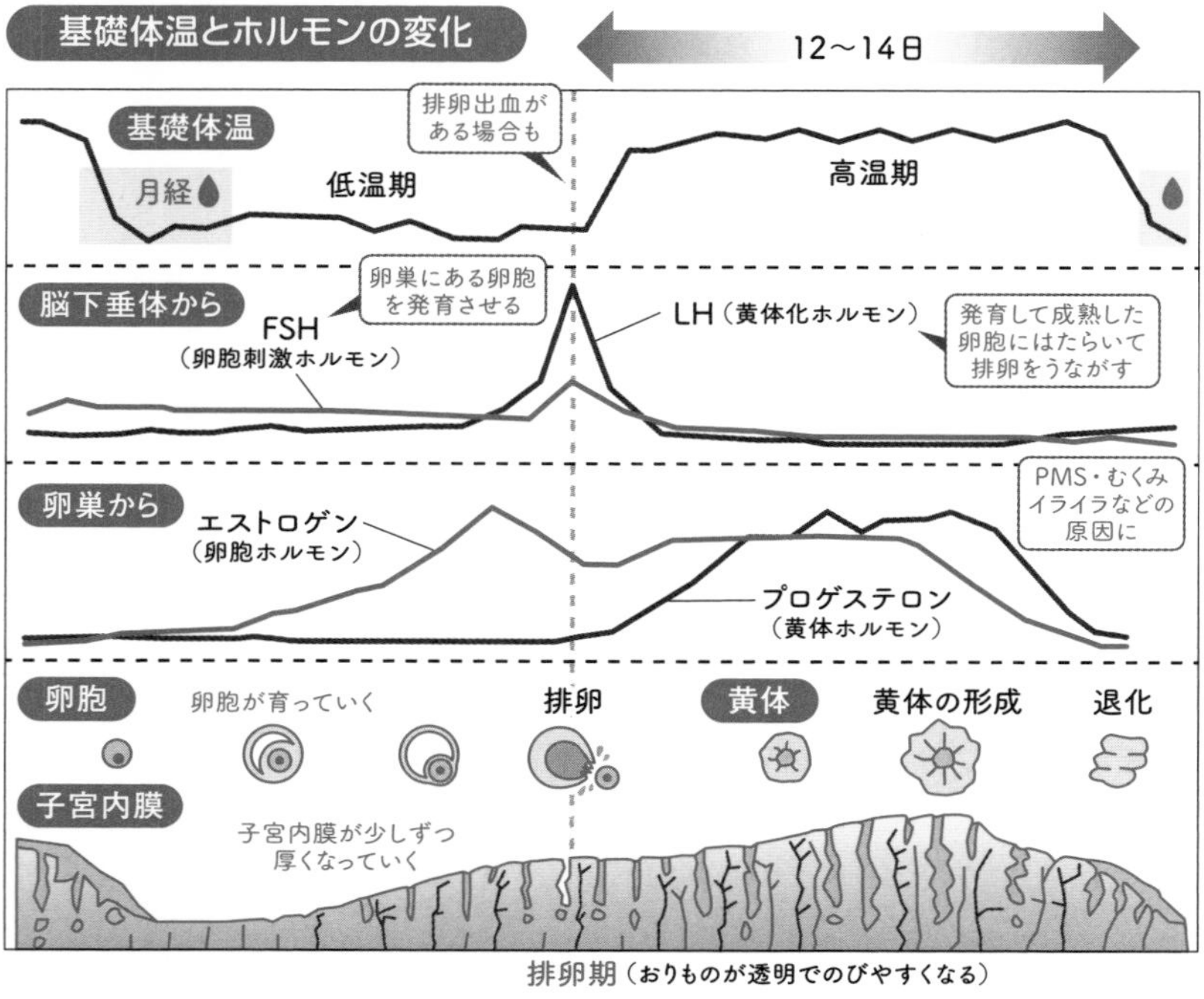

**月経血**

1回の月経血の量は正常であれば、約20～140ミリリットル以内。一般的には月経が始まって2～3日目に量が多く、それから徐々に減っていきます。多い月もあれば少ない月もあって個人差があります。ただし、ふだんよりも月経血量が極端に多くなったり、月経期間が長くなったりした場合はご注意を。貧血やその他のトラブルの可能性もあります。

[過多月経]（月経血量が140ミリリットル以上ある場合）
- レバーみたいに固まった経血（親指大以上）が混じっている
- 昼でも夜用ナプキンを使う日が3日以上ある
- 昼用ナプキン1枚では1時間もたない

10代の過多月経は「貧血」に注意しましょう！

**PMS**

「PMS」（月経前症候群）は月経の3～10日前に始まり、心身にさまざまな不快症状が現れます。月経が始まると症状が軽くなり、次第におさまります。症状が重い場合は「PMDD」（月経前不快気分障害）といわれ、PMSに比べて精神的症状がひどくなります。PMS期をうまく乗り切るためには、自分のパターンを知って、適切な治療を受けること。また、運動や気晴らしをするといいでしょう。

痛みで勉強や仕事に集中できない

**からだの症状**
- 乳房痛
- 下腹部痛
- 頭痛
- 手足のむくみ

…など

**こころの症状**
- 眠気
- 倦怠感
- 集中力の低下
- 怒りやすい
- 過剰な食欲

…など

イライラが原因で人と衝突することも…

＼ こんなときはお医者さんに相談を！ ／

- 月経が3か月以上こない（次の月経を予測できない）
- 月経痛がつらい（頭痛・腹痛・腰痛など）
- 月経前に不安になる、イライラする

婦人科、産婦人科、ウィメンズクリニックなどの医療機関を受診しましょう

# 就学後に教えておきたい「セックス」（性行為）

## 親から教わったことがストッパーに！

今、小学校ではＩＣＴ※化が急激に進んでいます。子どもたちには一人1台タブレットＰＣが手渡され、ＩＣＴの特性である視覚に訴える授業が通常のものとなっています。また、スマートフォンをもつ子どもも増えてきたため、小学生のころから日常的にインターネット上の情報にふれられるようになってきました。

となると、子どもがいつ、どのように「性」にまつわる情報にふれてしまうか、親としては心配になりますよね。なかでも「セックス」（性行為）について、自分のあずかり知らぬところで妙なことを覚えていやしないか、不安に思うことでしょう。

「性行為」について、親から子どもへどのように正しい知識を伝えるべきか、第1章では幼少期の子どもに、動植物の繁殖行為（交尾や受粉）を例に挙げて「命の誕生」について説明していただくようにお伝えしました。

学童期（小学校1年生〜4年生）の子どもには、「セックス」（性行為）について、もう少しぐっと踏み込んで説明してあげる必要があります。なぜなら、子どもたちのからだが「生殖」ができるからだに変わってくるからです。

セックスのしくみや意味を知ることは、子どものライフプランに大きくかかわってきます。親は気まずい思いをするかもしれませんが、そのときどきの子どもたちの発育や反応に合わせて、事実をありのままたんたんと話してあげること。親から教わったことは、子どもが興味本位で流されそうになってしまうときに、ストッパーの役割を果たしてくれると信じています。

※「ICT」：Information and Communication Technology（情報通信技術）

しつもん

# セックスってどうすることなの？

「セックス」という言葉を子どもの口から聞いただけで、ショックを受けちゃいますよね。でも、ここでひるまずに、自分が伝えやすい言葉でありのままの事実を伝えましょう。就学後の子どもには具体的に、「**赤ちゃんがほしいと思ったママとパパが、いっしょに〝命のもと〟になる受精卵をつくるんだよ**」と伝えてみてはいかがでしょうか。

こたえ

**赤ちゃんがほしいと心から願って、ママのおなかの中にいる卵子に、パパの精子を届けることだよ。**

いいかえ

「セックス」っていう言葉、どこで覚えたのかな？
あなたにちゃんと説明できるように、
ママ（パパ）にちょっと時間をちょうだいね。

**POINT**

なまなましい表現を使って説明する必要はありません。「セックス」＝「いけないこと・はずかしいこと・こわいこと」だと刷り込んでしまうことがないように、言葉を選びましょう。また、どうしても答えづらいときは、親が心の準備を整えてから説明してあげてもいいですね。

## 解説 性的な言葉を知ったら正しい知識を！

ある企業の調査によると、「セックス」という言葉を知った年齢は、0～12歳未満が54・1％と半数以上であったことがわかりました。さらに、中学生までに知ったという子どもは94・4％もいるというのだからおどろきです。

その情報源はお友だちの割合がもっとも多く、次いでマンガや雑誌、学校の性教育の授業、そしてアダルト系サイトが挙がっています。

学校での性教育をのぞいて、誤った知識を植えつけられている可能性が高いとなると、子どもが信頼できる親から「セックス」を教わることがとても大切なのです。

子どもに伝えるときのポイントは、「性行為」は好きな人と行うものであり、大切な命の営みの始まりであること、また、自分と相手の人生に責任がもてる〝大人〟になってから行うことを伝え、同時に「子どもでもできる」という事実もきちんと伝えることが重要になります。

性行為の意味や目的がわからないまま、遊び半分やその場の雰囲気に流されて行ってしまうことがないように、子どもに真剣に向き合って教えてあげましょう。

小学校の理科の授業で生殖について学んだ子どもに、「ママとパパはいつ交尾するの？」なんて聞かれることも……。

しつもん

# セックスをしたらぜったい赤ちゃんができるの？

セックスをすれば必ず妊娠するとはかぎらず、また、セックスを行う目的も「生殖」だけではありません。赤ちゃんができることもあれば、できないこともあると教えることは、のちのち妊娠の過程や避妊の大切さを伝えるうえでもおさえておきたいところです。

## こたえ

# 赤ちゃんがほしいと思ってセックスをしても、できないこともあるよ。だから赤ちゃんがうまれることは奇跡の連続なんだよ。

**いいかえ**

1回のセックスでできることもあるけれど、何回セックスしてもできないこともあるから、二人でお医者さんに相談したりすることもあるよ。

**いいかえ**

女の人に生理が始まっていて、男の人が射精できるようになると、赤ちゃんができる準備が整ったサインなんだ。だから自分のからだ、相手のからだを大切に考えようね。

## POINT

小学校の理科や保健の授業では「命の誕生」については学びますが、セックスについて教えてもらうことはありません。赤ちゃんがうまれることの〝奇跡〟は教えるけれども、性行為に関連づけて説明されることはないのです。この質問をきっかけにして、妊娠について教えてあげるのもいいですね。

解説

# 「不妊」について知ることの大切さ

「不妊」について、ライフプランを考えるときに必要になる知識としてふれておきたいと思います。

日本では、妊娠を希望して12か月以上妊娠しなかった場合を「不妊症」と定義しています。不妊症の原因は女性だけにあると考えられがちですが、世界保健機関（WHO）が行った原因調査では、不妊症のカップル7273組中、約半数が男性にも原因が見られました。下図でも、不妊の原因は男女とも同じ割合で見られます。

現在、タイミング法・人工授精・生殖補助医療（ART）※1による不妊治療が行われており、体外受精でうまれる子どもは増え続けています。※2 今や4・4組に1組が不妊の検査や治療を行っているのが現状です。※3 子どもが将来、妊娠を望んだときにアドバイスしてあげられるよう、妊娠・出産についての知識をアップデートしていただければと思います。

**不妊症の原因（不妊因子）**

| | |
|---|---|
| 排卵障害 | 20% |
| 卵管障害 | 25% |
| 精子の異常 | 30% |
| 子宮内膜症・子宮筋腫など | |
| 原因不明（免疫不妊） | |

**不妊原因の割合**

| | |
|---|---|
| ♀女性のみ | 41% |
| ♂♀男女とも | 25% |
| ♂男性のみ | 24% |
| 原因不明 | 11% |

※1「生殖補助医療」（Assisted Reproductive Technology）：妊娠を成立させるためにヒト卵子と精子、あるいは胚を取り扱うことを含むすべての治療あるいは方法

※2 13.9人に1人が体外受精によって誕生している（2020年時点／日本産科婦人科学会HPより）

※3「第16回出生動向基本調査（結婚と出産に関する全国調査）」（国立社会保障・人口問題研究所）より

# 不妊症の原因

妊娠が成立するためには、精子と卵子が無事出会い、受精し着床するまで、たくさんの条件がそろわなければなりません。そのため、不妊症の原因はさまざまな因子が重複したり、また、検査をしても明らかな不妊の原因がどこにも見つからなかったりすることもあります。

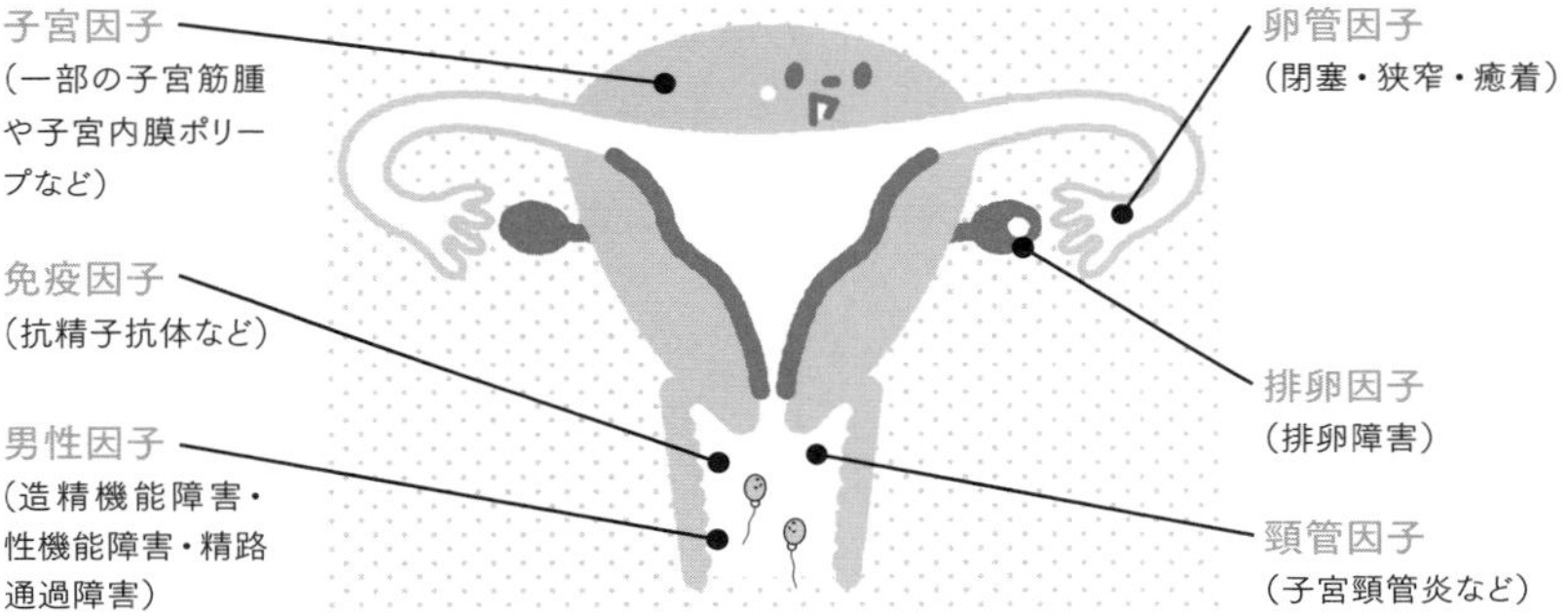


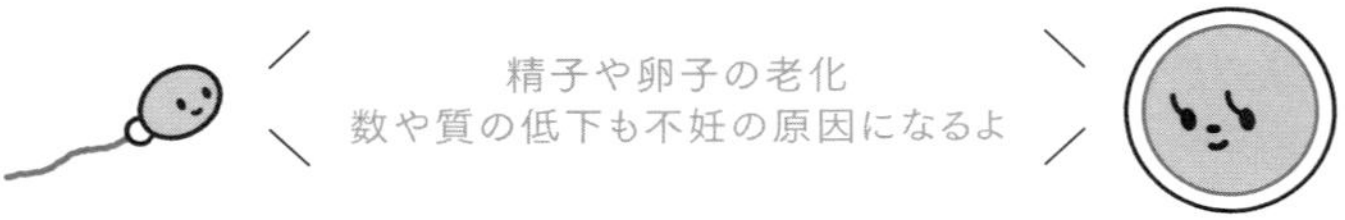


以下に、男性・女性ともに見られる不妊の原因を挙げます。

女性は、❶月経の異常がある、❷性感染症にかかったことがある、❸骨盤腹膜炎を起こしたことがある、❹子宮筋腫・子宮内膜症を指摘されている、❺35歳以上の人といわれています。

男性は主に、睾丸（精子をつくる器官）の大きさが目安になります。小さすぎたり、やわらかくなっている場合は精子所見が悪化している可能性があります。また、睾丸の上に複数の血管のコブ（精索静脈瘤）がある場合も注意が必要です。※4 もし「不妊かもしれない」と悩んでしまったら、早めに不妊治療の病院を受診しましょう。

体外受精の治療成績は年齢が大きく影響します。治療を受ける場合でも可能なかぎり、より若い時期に受けることが重要です。

1983年に日本国内で初めて体外受精による出生児が報告されてから、2019年までに生まれた子どもの総数は71万931人です。※5 うれしい報告が増えています。

※4 日本生殖医学会HPより
※5 体外受精・顕微授精による出生児数は、新鮮胚（卵）及び凍結胚（卵）を用いた治療数の合計（日本産科婦人科学会の集計による）。総出生児数は人口動態統計による

column

# 感染症の基礎知識

「性感染症」についてご存じですか？

性行為で感染する病気とその感染経路はさまざまあり、近年では梅毒患者が急増しています。まずは親が正しい知識を身につけ、子どもを性感染症から守りましょう。

**性感染症**

「性感染症」(STD)[※1]とは、性行為で感染する病気のこと。感染している人の精液や腟分泌液、血液などに病原体が含まれており、性行為で相手の粘膜に付着すると感染します。性器（陰茎・外陰・肛門など）だけでなく、オーラルセックス[※2]によって口やのど、目などにも感染します。主な性感染症には、クラミジア感染症、性器ヘルペス、尖圭《せんけい》コンジローマ、HIV感染症やエイズなどがあります。なお、クラミジア感染症は不妊の原因にもなります。

**セックスをして性器・肛門、口・くちびる・のどにこんな症状があったら病院へ！**

- 痛い
- かゆい
- しみる
- イボイボがある
- ゴリゴリしている
- 血が出ている
- ウミが出ている
- においがへん

保健所では無料&匿名で検査や相談ができます。症状がわかりにくい病気もあるので、性行為の相手やパートナーといっしょに検査を受けましょう。症状がある場合は、産婦人科、泌尿器科、皮膚科で診察を受けましょう。感染していた場合、治るまで治療を続けるようにしてくださいね。

[性感染症を知る]
- 1回の性行為でも感染する
- 気づきにくい
- ピンポン感染する
- 母子感染する

[性感染症から身を守るためのポイント]
- 気になる症状があるときは病院に行くこと
- 感染リスクの低いセックスを選択すること
- セックスのときはコンドームを使うこと
  ※ただし、コンドームで予防できない感染症もある
- セックスをした相手にも感染を知らせること

## HPV

日本では年間約1万人の女性が子宮頸がんに罹患し、約2800人が死亡しています。近年、患者数・死亡者数ともに増加傾向にあり、50歳未満の生殖年齢の世代での罹患率増加が問題視されています。「HPV」※3は、性的接触のある女性の50%以上、男女合わせて80%以上が生涯で一度は感染するといわれている一般的なウイルスです。子宮頸がんのうち95%以上がHPVの感染によるもので、近年、**性行為を体験する前**の感染予防のためのワクチン接種がすすめられています。

**女の子（高校1年生以下）** 無料

HPV感染症を防ぐワクチン（HPVワクチン）は、小6～高1相当の女の子を対象に定期接種が行われています。17歳までに4種類のHPVを防ぐワクチンを3回接種することで、子宮頸がんの約88%を予防できます。

**女の子（高校2年生以上）** 自費

HPVワクチンは高2～26歳以下の女性にも推奨されています。17歳以上の女性の場合、HPVワクチンを3回接種することで、子宮頸がんの約53%を予防できます。合計3回の接種で、5～10万円ほどかかります。

**男の子** 自費

男性に起こるがん（肛門がんの約80～90%、中咽頭がんの約50%）もHPV感染が原因とされています。HPVワクチンの接種によって尖圭コンジローマを予防できます。合計3回の接種が必要で、5～10万円ほどかかります。

20歳以上の方は、1～2年おきには子宮頸がん検査を受けるようにしましょう。
2023年4月から定期接種の対象として、9価ワクチンも公費で接種できるようになりました。※4

※1 Sexually Transmitted DiseasesまたはSexually Transmitted Infections（STI）
※2「オーラルセックス」：口や舌を使って相手の性器やその周辺を刺激する性行為の一種
※3「HPV」（Human Papillomavirus）：ヒトパピローマウイルスは、子宮頸がん・肛門がん・膣がんなどのがん、尖圭コンジローマなど多くの病気の発生にかかわっている
※4 誕生日が1997年4月2日～2007年4月1日の女性で、通常のHPVワクチンの定期接種の対象年齢の間に接種を逃した人も対象になる（2023年時点／厚生労働省HPより）

しつもん

# 赤ちゃんはおなかの中でどうやって育つの？

赤ちゃんは妊娠期間10か月（36～39週）の間に、からだの器官や組織が形づくられながら、どんどん大きくなっていきます。妊娠2か月でブドウ1粒ほどの重さになり、5か月でリンゴ1個分ほど、10か月でスイカ1個分ほどになります。こうしてお母さんのおなかの中の不思議を、わかりやすく説明してあげるといいですね。

## こたえ

# 精子と卵子が出会って受精卵になって、ママの子宮の中で２６６日かけて赤ちゃんが育つんだよ。

**いいかえ**

赤ちゃんとママは「へその緒」でつながっていて、「胎盤」というところからママの栄養をわけてもらいながら大きくなるんだよ

**POINT**

０・１ミリほどの受精卵が10か月かけて、身長50センチ、体重３キロほどの赤ちゃんに育ちます。妊娠５か月に入るとおなかにふくらみが出てきて、もう少しすると赤ちゃんの動き（胎動）が感じられるようになります。子どもに兄弟姉妹ができたときには、赤ちゃんがどんどん大きくなっていくことがより実感できますね。

解説

# 新たな命の芽生えを実感しよう

赤ちゃんの器官の中で最初に形成されるのは「中枢神経」です。妊娠4週に入ったころから徐々に人間のからだがつくられ始めます。性別（身体的性）がわかるようになる時期は、だいたい6か月（20週）あたり。超音波検査（エコー検査）でおなかの中の胎児の様子を観察します。

私たち助産師や医師が、うまれてきた赤ちゃんの性別を確認する一番のポイントは外性器の形。男の子の外性器は比較的わかりやすく、「睾丸」がついているか確認します。女の子の外性器はわかりにくいのですが、「外陰」があるかどうかで見わけます。しかし、これはあくまで身体的性で判断した性別で、「心の性」は赤ちゃん自身が決めること。まだまだわかりません。兄弟姉妹ができると、子どもに「男の子？女の子？」と聞かれるかもしれませんね。楽しみですね。

赤ちゃんの器官形成期

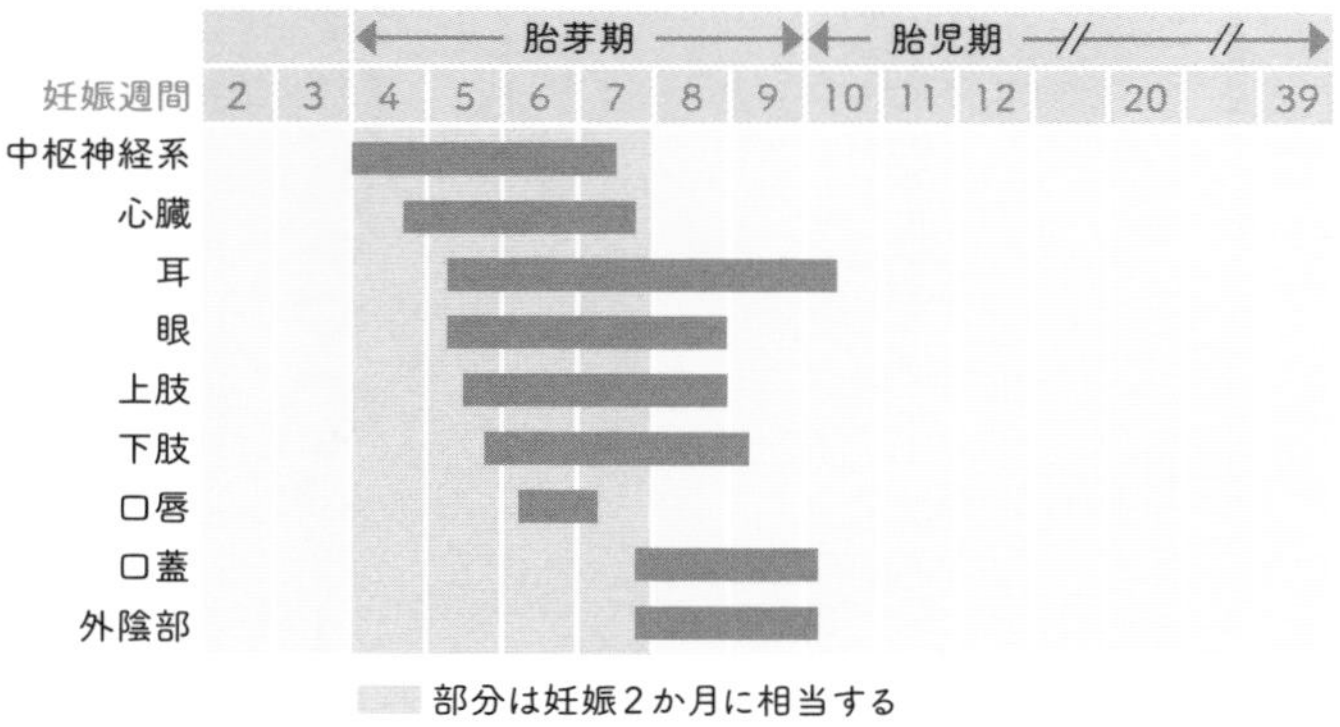

# 妊娠

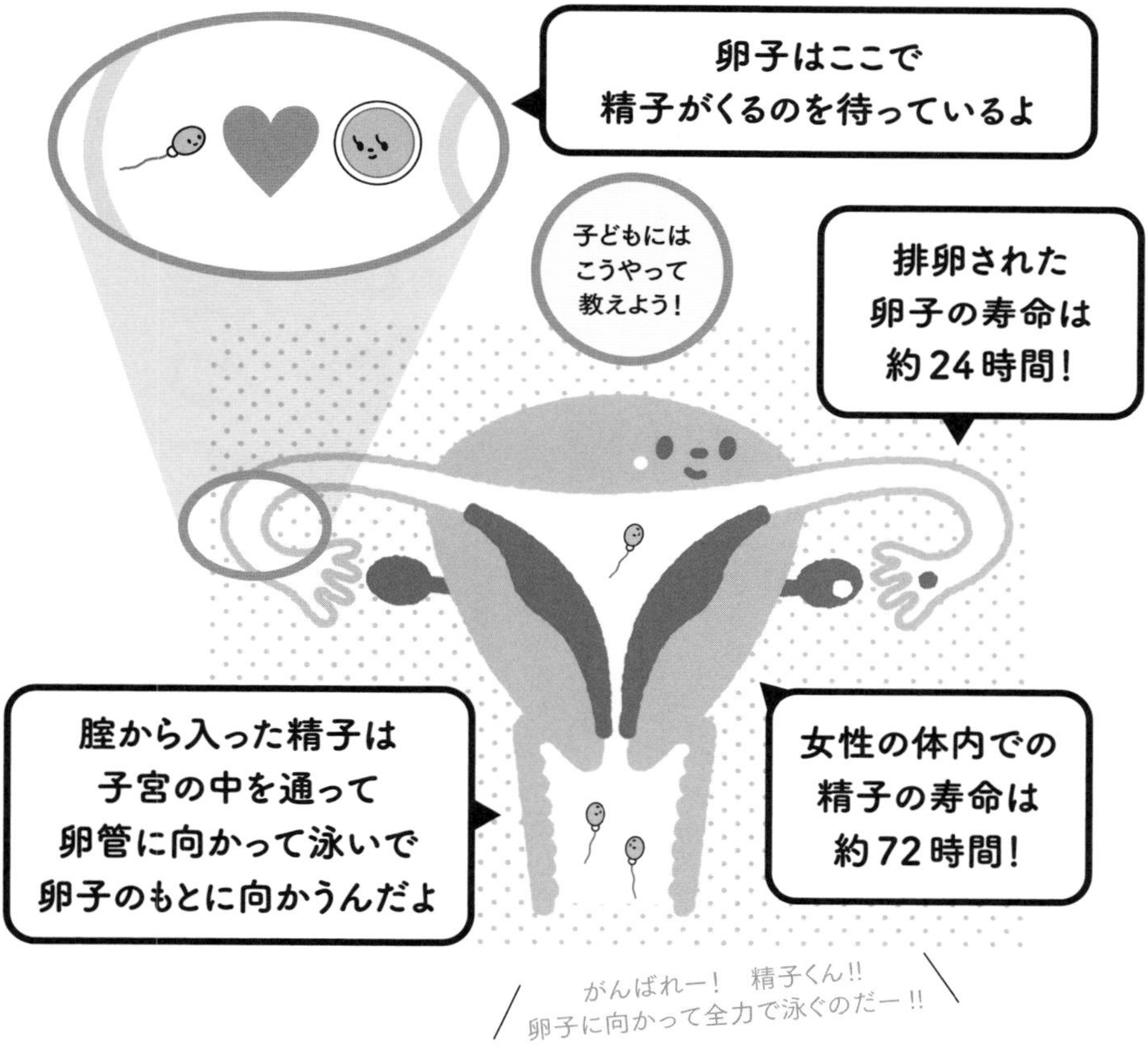


［妊娠のプロセス］

❶ 卵巣から卵子が排卵される
❷ 卵子と精子が卵管内で出会って受精する
❸ 受精卵が卵管内で分割しながら子宮に向かってコロコロ転がりながら移動する
❹ 子宮に到達した受精卵が子宮内膜に着床する

妊娠は「着床」からスタートします。このうち1か所でも機能しなければ妊娠できません。

改めて命の誕生が〝奇跡〟だということがわかりますね。

しつもん

# 出産ってどんな感じなの？

妊娠中のつわりや陣痛・後陣痛など、お産にはさまざまな不調や痛みがともないますが、子どもにそのまま事実を伝えてしまっては、「出産」＝「痛いもの・こわいもの」ととらえてしまいます。できればそう思わせないように、自分の体験をふり返って答えを返してあげられるといいですね。

## こたえ

# 出産はママが一生けんめいするものだけど、あなたも自分の力をふりしぼって、うまれてきてくれたんだよ。

**いいかえ**

出産はママにとってうれしいものだったよ。
だって、あなたに会えたんだもの。
うまれてきてくれて、ありがとう。ママをママにしてくれて、ありがとう。

## POINT

こんな質問をしてくる子どものなかには、「**ママはあなたのことが大事なんだよ**」「**大好きだよ**」という言葉が聞きたくて、自分がうまれたときの話をしたいのかもしれません。子どもがうまれてきてくれたことに、愛情を込めて感謝を伝えてあげましょう。

解説

# ただ事実を話せばいいわけではない

私が以前、出産に対する「恐怖心」に関する調査を行ったところ、出産したことがある人のおよそ半数以上が「恐怖心がとてもあった」と答えました。そのなかでも「陣痛」に関する恐怖心が8割ともっとも多く、次いで産後の「乳房マッサージ」「子育ての不安」「夫との関係」が挙がりました。

子どもに「性」を教えるときは、できるだけ事実をありのまま、とお伝えしていますが、出産の痛みやリスクについては、単に子どもをこわがらせないように配慮が必要だと思います。

例えば、二人目以降の出産で上の子を出産に立ち会わせたいと考えるご家族がいらっしゃった場合、出産は〝命の始まり〟を知る、またとない絶好のチャンスになります。しかし、上の子のことが気になってお産が長引く場合や、ママが苦しむ姿を目にして思いのほか、上の子が恐怖心を抱いてしまうことがあるかもしれません。事実を正確に伝えようとすることは大切ですが、子どもがどんな答えを望んでいるのかも想像しながら、話をしてあげられるといいですね。

＊私は、7歳ちがいの弟の出産に母が立ち会わせてくれ、
その神々しい瞬間が忘れられず、助産師になりました！

この子の場合、妊娠や出産を「こわい」と考えているよりも、大変だったママのことを心配に思って複雑な気持ちになっているのかもしれませんね。

# 就学後に教えておきたい「性的同意」と「防犯」

## 子どもに〝強い意思〟をもたせましょう

「性的同意」とは、性的な行為を「したい」かどうか、お互いの意思を確認することです。

「性」には3つの側面があり、ひとつは「子孫を残すための生殖の性」。もうひとつは「欲求を満たす快楽の性」。そして「愛情・相互的な連帯の性」です。しかし、ときに3つの「性」の側面がゆがんでしまうと、「性暴力」へつながってしまいます。「性的同意」のない性的な行為は、「性暴力」になるのです。

自分自身が被害を受けないために、自分自身を守るために、そして相手を傷つけないためにも、「性的同意」と「防犯」は大切です。つきあっている相手との性的な行為でも、してほしくないことは「いやだ」「やめて」とはっきり伝えること、また、相手の気持ちを無視したり、相手に行為を強要したりしないことを、具体的な例を示して子どもに教えましょう。

また、子どもは小学校へ上がるとお友だちや学校の先生だけでなく、通学路であいさつを交わす人とも関係が築かれていきます。急に増え始めた「知りあい」とのかかわり方に、子どもたちは戸惑うこともあるかと思いますが、新たな人間関係のなかで徐々に社会性を身につけていきます。

しかし、「知りあい」のなかにもこわい存在がいることを忘れてはなりません。近親者を含む顔見知りによる性犯罪が多いことが内閣府の報告からも明らかになっています。子どもを心配する一方で、親としては出会いを大事にしてほしいと思うはず。子どもが自分の生きる世界を広げていけるよう、防犯に関しては、「いかのおすし一人前」（P.98）を基本として、自分で大切な自分を守る術と強い意思を身につけさせてあげましょう。

しつもん

# つきあうってどんなことをするの？

近ごろは、小学生の10人に1人以上の割合で彼氏・彼女がいるようです。この質問をしてきたということは、好きな人ができたのか、すでにつきあっている人がいるのかもしれません。小学生の「つきあう」は、大人とは異なることが多いとは思います。とはいえ、思春期が近づくにつれて親としては心配になりますよね。

こたえ

**好きな人同士であれば、手をつないだり、いっしょに並んで歩いたりするよ。パパはお話しするだけで楽しいと思うかな。**

いいかえ

いっしょにいるだけでドキドキしたり、うれしくなったりするから、何か特別にしなくてもいいと思うな。

いいかえ

もうだれかとおつきあいしているの？
あなたが自分の心とからだを守ったうえで、相手に好きだと伝わるのってどんなことだろう？

**POINT**

子どもが性的なことをどこまで知っていたり、興味をもっていたりするのか。また、どんな子とつきあっているのか。それによって親の心配の度合いも変わってくるでしょう。小学生の「つきあう」には、まだまだ大人の指導が必要です。性的なこと以外に、さりげなく誘導してあげてもいいかもしれません。

そうだん

# キスしたいって言われたんだけど……

かなり具体的な質問になってきましたね。小学生の場合、「おつきあい」の範囲を線引きしてあげるのも、ひとつの手段です。たとえ好きな相手が求めてきたとしても、自分はどう思っているのか、それを気づかせてあげましょう。

こたえ

**そう言われて、あなたもしたいと思った？その場ですぐに答えを出さなくてもいいし、わからなかったら断ったっていいんだよ。**

いいかえ

相談してくれて、ママ、安心したよ。キスをしたことがないと、わからないよね。正直にそう伝えてもいいんだよ。

**POINT**

大事なことは、まず子どもの話をしっかり受け止めてあげること。そして、子どもの恋愛感情を否定しないことです。子どもが悩んだり困ったりしたときに、親が相談できる相手でありますように。

しつもん

# セックスって いつからしていいの？

セックス（性行為）をすることにどんな意味があって、どんなことが起こり得るのか。まずはそこをきちんと説明してあげる必要があります。そのうえで「セックスをしてはダメ」と否定はせずに、最善の選択ができるように子どもを導いてあげましょう。

こたえ

# いつからではなく、相手と話し合って、お互いのこれからの人生を考えられるかどうかが大事なんだよ。

いいかえ

まわりと比べてあせったりせずに、自分の思いを大切にすることが大事だよ。相手のペースも考えてあげてね。

POINT

小学生の子どもに「責任」を説いても、なかなか理解が難しいと思います。それでも、本人が同意していない性的な行為や、後先を考えずにセックスをしてしまうことがないよう、「セックスをすることは、自分と相手の人生を考えること」でもあることをしっかりと伝えましょう。

解説

# 「同意」がなければ性暴力につながる

ふだんから親子で「性」について話し合える環境づくりはとても大切で、子どもがいつでも安心して相談できる場所が家庭であるのが理想的です。

なぜなら、子どもの絶対的な味方は親だから。親はいつだって子どもの力になりたいと願っているからです。

例えば子どもが、人に言われるがまま流されてしまって、性的な行為におよんでしまうことがあるかもしれません。きっと子どもは「悪いこと」「いけないこと」をしてしまったのかもしれないと不安に思うことでしょう。そんなとき、親が相談にのってあげることができれば、子どもの心は守られると思います。

相手の「性的同意」のない行為は暴力であり、犯罪です。子どもが性暴力や性犯罪の被害者、加害者にならないよう未然に防がなければなりません。それが親の務めです。家庭での「性教育」は、子どもをだれよりも大事に思っている親だからこそできること。子どもが力強く生きていける「お守り」なのです。

c o l u m n

# 「性的同意」とセックスについて

セックス（性行為）とはどんなことなのか、いつから、だれとしていいものなのか。性行為について学ぶことは、「命の誕生」や「性的同意」を学ぶ機会でもあり、子どもは自分自身や相手を大切にできるようになります。

「性的同意」には、次の3つのポイントがあります。

**❶ 自分と相手とが対等な関係であること**
**❷ その行為のもつ意味とリスクを理解し、自分の意思で決めることができる状況であること**
**❸ はっきりと言葉で確認すること**（「いいよ」「いやだ」など）

この3つがそろっていなければ、性暴力につながることがあります。自分と相手の気持ちをひとつひとつ確認するように子どもに教えましょう。

## 避妊

セックスをすることは、子どもをつくる行為です。「性的同意」を確かめたうえで性行為をする際、自分と相手の人生も考える必要があります。今妊娠することを考えていないのであれば、きちんと避妊することの大切さも教えましょう。

コンドーム
他の避妊法と併せて使用すること。性感染症予防にも役立つ。

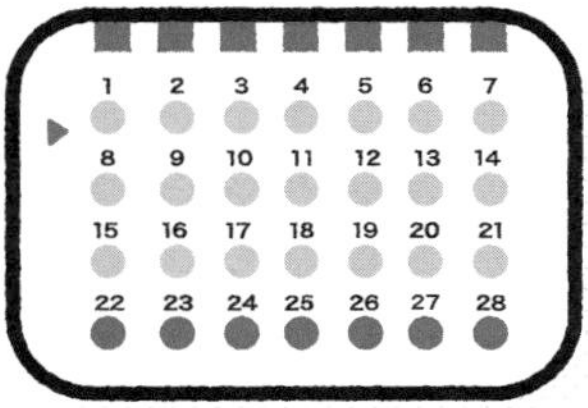


低用量ピル
適切に内服すれば99.7%の避妊効果が得られる。産婦人科で処方してもらう。

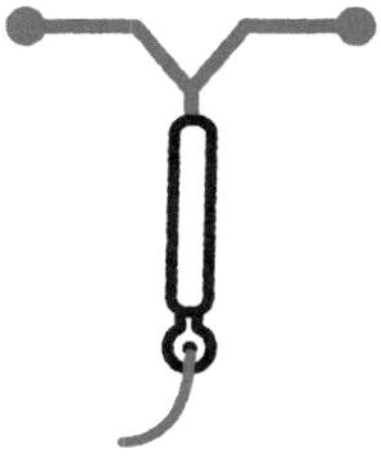

ミレーナ（IUS）※1
「避妊リング」と呼ばれている子宮内避妊器具で、受精卵の着床を防ぐ。※2

※1「IUS」（Intrauterine System）：レボノルゲストレル放出子宮内システム
※2 出産経験のない方は挿入時、痛みをともなうことがあるかもしれません

そうだん

# プライベートゾーンをさわられた！

子どもを性被害にあわせるのは、不審者だけでなく顔見知りであることもあります。警察の調べでは、いたずらをしようとする人は後方から近づいてくることが多いとわかっているため、背後には特に注意するよう子どもにうながしましょう。また、万が一被害にあったとしたら、まず子どもの心をケアしてあげてください。

## こたえ

# だいじょうぶ？　こわかったね。いつ・どこで・どんな人があなたに近づいてきたか教えてくれる？

**いいかえ**

**思い出したりするのはいやだったろうけど、ママに相談してくれてよかった。二度とこわい思いをさせないようにするからね。**

ただし、何度も何度も同じことを質問したり、内容を思い出させたりすることは、「セカンドレイプ」（性的二次加害）のように、子どもにより苦痛を与えてしまいます。安全で守られた空間でお話ししてください。

## POINT

まずは傷ついた子どもの心に寄り添う言葉がけをしましょう。そして、子どもの身に起こった出来事をゆっくり聞いて、「**あなたは悪くないよ**」と安心させてあげてください。性的ないやな記憶を忘れることはできません。時間をかけて子どもを見守り続けてあげましょう。

そうだん

# へんな写真や動画を見せられたんだけど……

全裸姿や陰部を見せてきたり、性的な写真や動画を見せてきたり、「写真を撮らせて」と近寄ってきたり。あやしい大人が子どもたちを狙っています。視覚に訴えてくる性的な刺激にショックを受けて、その場に凍りついてしまう子どももいるでしょう。そんなときは「いかのおすし一人前」（P.98）の発動です！

## こたえ

# こわい思いをしたんだね。いやな目にあいそうになったら、すぐに走って逃げようね。

**プラスして**

へんな写真を見てさけんだりすると、あやしい人が喜んでしまうから、大きな声で「助けて！」って言おうね。

## POINT

近ごろではデジタル痴漢※も増えているそうです。四六時中、子どものそばで見守ることはできないので、子どもが自分で自分を守れるように家庭での防犯教育にも力を入れましょう。

※「デジタル痴漢」：周囲の不特定多数のスマホ端末にデータを送受信できる機能を悪用し、性的な画像や動画を送りつける行為

## 解説

# 「魂の殺人」ともいわれる性暴力

不審者がよく出没している地域では、〝いつものあやしい人〟という認識になっていることもあるようです。でも、そんな感覚が「あたりまえ」になってしまっているのはこわいこと。子どもを守るためには周囲の警戒心も必要です。

性被害にあった人は、何年経っても恐ろしい体験の記憶をかき消すことはできません。子どもが性被害や犯罪に巻き込まれてしまわないように、小学校で習った防犯対策を家庭で復習し、理解を深めるためにアシストしてあげましょう。

**［これらはすべて性暴力！］**

- 同意がないのに無理やりキスやセックスをすること
- 妊娠したくないのに避妊をしないこと
- からだをさわってきたり、さわらせたりすること
- 見たくもない性的な写真や動画を見せられること
- はだかの写真や動画を送るように強要すること

不審者に慣れてしまうのもこわいこと……。知らない人からの問いかけや、たとえ知っている人の誘いであっても受け答えせずに、すぐに走って逃げましょう。

防犯のおはなし

# 思春期の心とからだの守り方

子どもに防犯の知恵や「性的同意」を教えることは、安全のお守りを渡してあげるようなものです。思春期の子どもが「自分の心とからだを自分で守る」ことができるように、5つのポイントをおさえてお話ししてあげましょう。

**子どもに話すときの［5つのポイント］**

❶ 小学生になると、ママやパパと離れて過ごす時間が増え、出会う人の数が急に増える分、危険も増えること

❷ 世の中にはいろんな人がいて、「知らない人」や「こわい人」がいること

❸ いつも見かける人、話したことがある人、親切にしてくれる人、知人や顔見知り、小中学生であっても、気をつけなければならないこと

❹ いやなことをされたり、されそうになったら、はっきり「やめて」と断ること

❺ こわい思いをしたら、必ずママやパパ、信頼できる大人に知らせてほしいこと

小学校に上がると、子どもの行動範囲や人間関係は大きく変わります。親がどんなに子どもを守りたくても、いつもそばにいてあげることはできませんよね。大切なわが子を守るためにできることは、子どもが自らを守る力を身につけられるように防犯の知恵を授けること、そして、子どもといっしょに日常的に防犯対策を講じることです。

子どもが安全に暮らせるよう、また子どもも親も安心できるように、親子で防犯の心がまえと実際の行動を学びましょう。

**「ママとパパにとって、とっても大切なあなた。**
**だけど、あなたの心とからだは、**
**あなただけのものなんだよ。**
**学校の行き帰りや、**
**お買いもののときみたいにパパとママと**
**いっしょにいられないときもあるよね。**
**だから、これからは自分でも、**
**自分を大切にしようね」**

小学校に通うようになり、お外に遊びに出かけるようになる子どもに、
まず伝えておきたいのは、

「あなたのまわりには
〝知らない人〟がたくさんいるんだよ」

ということです。

「あなたが〝知らない人〟の中には、
いい人もいれば悪い人もいて、
あなたがいやがることを
しようとする人もいるんだよ」

「できるだけ一人に
ならないようにするんだよ。
例えば、一人になる場所は

## どこだろう？
## 一人になりそうな場所を
## いっしょに確認しようね」

防犯対策のなかでも重要なのは、お外では一人で行動せずに、家族（親や兄弟姉妹）やお友だちといっしょにいるということです。

また、一人になりがちな場所や一人になりやすい瞬間を子どもといっしょに確認し、なるべく一人きりにならないように注意をうながしましょう。

例えば、マンションの階段やエレベーターなど、ご自宅の近くであっても安心はできません。さまざまなシチュエーションを想定し、子どもといっしょに実際に場所を見て確認しながらシミュレーションをしてみてはいかがでしょうか。

「だれかが、あなたをどこかに連れて行こうとしたり、
あなたを車に乗せようとしたり。
だれかが、あなたの大切な
プライベートゾーンをさわろうとしたり、
お洋服を脱がせてプライベートゾーンを見ようとしたり。
だれかが、自分のプライベートゾーンをあなたに見せたり、
プライベートゾーンをあなたにさわらせようとしたら……
あなたは　どうすれば　いいだろう？」

「いかのおすし一人前」（P.98）を示してあげて、いざというときに行動できるよう、親子で危険を予知する訓練をしておきましょう。対策を一方的に教えるのではなく、「こういうときは、どうしようか？」と子どもといっしょに考えることで、万が一のときに対応を思い出すことができ、子どもにとって「お守り」になるはずです。

「だれかが突然すぐそばまで近寄ってきたり、
声をかけたりしてきたら、
すぐに走って逃げるんだよ。
もし何か頼まれても、
ママやパパがいないところでは
大きな声ではっきりと
『できません』って断ったり、
からだをさわられそうになったら、
『やめて！』ってさけぶんだよ」

不審者は巧みに子どもに近づいてきます。
例えば、日ごろ犬を連れて散歩をするうちに子どもを手なずけたり※1、困ったふりをして道をたずねたり、「お母さんが事故にあったよ！」とうそをついて慌てさせたりするなど、子どもの純粋な心につけ込むのです。

※1「グルーミング」：性的な行為を目的に子どもに近づき手なずける犯行の手口

近年では、顔見知りの性犯罪がおよそ8割を占めるといわれています。

悲しいことに、注意しなければならないのは「知らない人」だけではないのです。

「身近な大人への信頼」を利用する悪い人間がいることも伝え、子どもの警戒心を高める必要があります。

**「どこかで見かけたことがある人や、**
**いつもあいさつをする人、**
**お話ししたことがある人。**
**そんなふうに、顔を知っている人であっても、**
**あなたがちょっとでも『へんだな』と思ったら、**
**その人の言うことを聞いてはだめだよ」**

そして、「いつ・どこで・だれに・何をされたか（されそうになったか）」を、

ママやパパ、先生やおまわりさんに知らせるようにお願いしましょう。

**「〇〇ちゃんは何時くらいに、**
**どこにいたのかな？**
**そのとき一人だったの？**
**怒ったりしないから、**
**どんなことがあったのか、**
**ママ（パパ）にゆっくりお話ししてね」**

場所に関しては「赤いジャングルジムの公園」や「犬がいる細い道」などといった親子・友人間の通称ではなく、子どもが正確に場所を伝えられるように、公園の正式名称をはじめ、標識や信号機についている管理番号※2の読み方などをいっしょに覚えておくといいですね。

※2 110番通報の際、現場の正確な位置を伝えるために必要です

また、もしものときにかけ込める「こども１１０番の家」や施設、交番・病院などの公共の場、お店やコンビニがある場所をいっしょに回っておくといいでしょう。近くにかけ込める場所がなさそうなときは、なるべく人通りが多そうな方向に逃げるように教えましょう。いっしょに散歩をしながら、「あっちのほうに逃げるんだよ」などと具体的にシミュレーションしておくといいかもしれませんね。

このように、日ごろの親子のコミュニケーションが、子どもの防犯意識を高めることにつながるのです。

子どもを守るのは本来、私たち大人の役目です。

地域のことを知り、地域の方がたと子どもたちを見守る体制を築くことが大切ですが、残念ながら、すべての危険を避けることはできません。

だからこそ、子ども自身が力強く〝生きぬく力〟を養うことが必要です。

**「大好きな〇〇ちゃん。**
**こわいことがあったら、**
**『いやだ』って大きな声を出したり、**

**走って逃げたり、**
**まわりの人に教えてね。**
**最初に○○ちゃんが、**
**○○ちゃんのことを**
**守ってあげてね」**

「わたしの　こころと　からだは
わたしが　まもろう」、子どもたちには心の中で、そう思っていてほしい。

そして何より、私たち大人が子どもたちを守れる環境づくり、防犯教育ができることを願っています。

# 子どもが力強く生きていくために……

子どもが危険な目にあわないように、こわい思いをしないように、ご家族はさまざまな防犯対策を講じていることでしょう。親であれば、石橋を何百回、何千回もたたいて、くだけないことを確認して愛するわが子を渡らせてあげたい、安全なレールの上を歩いてほしいと願うものです。

しかし、子どもはたくましい存在です。ママから、そしてパパからたっぷり愛情を受け取ると、自分の足でしっかり歩こうとします。ときどきふり返り〝安全基地〟（もちろんママとパパの胸の中ですよ）を確認しながら前進します。喜ばしい成長ですよね。

なぜ自立できるのか、それは、いざというときに一番はじめに自分を守ってくれるのは、他のだれでもない自分自身だとわかっているからです。そのことが親から子どもに伝わるように、本書でくり返し伝えてきたのが「同意」の大切さです。

自分が望まないことをされたり、されそうになったりしたら、「いやだ」「やめて」ときっぱり断ることができる。子どもたちが自分の心とからだを大切にできる、そして自分自身をかけがえのない大切な存在であると思えること、自分を大切に思ってくれるまわりの人たちといっしょに守ることができるように願っています。

# おわりに

最後まで読んでいただき、ありがとうございました。

セクシャル・リプロダクティブ・ヘルス／ライツ「ＳＲＨＲ」（性と生殖に関する健康と権利）は、「私のからだは私のもの」であること、すべて人は、性や生殖にかかわることを自分で決められ、心身ともに満たされ健康に生きられる権利があり、「うむ・うまない」などの選択を自由に責任をもって決められることを保障しています。

これまで本書でお伝えしたように、女性は妊娠・出産にかかわるからだのしくみをもち、支援が必要な健康課題がたくさんあります。私がふだん臨床でかかわる不妊治療中の女性から、「学生のころの性教育といえば、避妊のことばかり」「不妊のことはまったく習わなかった。もっと早くに知っていたら、こんなに不妊に悩まなかったかもしれない」と悲痛な声を聴きます。〝適切な時期〟に「性」のことを知り、「性差」を理解し、女性のライフプランの複雑さを「男女ともに正しく知ること」ができていれば、不妊症にならなかったカップルが今この瞬間にいらっしゃったかもしれません。

「性教育」は、究極の不妊予防教育だと考えます。

大切な存在である子どもたちが、自分らしく、健康に活躍しながら未来を生きていけるように、私たち大人が見守り支え、子どもたちの未来が輝かしいものであることを願うばかりです。

最後に、私の話をいつも目を輝かせて聴いてくださり、「ぜひカタチにしませんか」とお声かけいただいた出版社の皆さまに深く御礼申し上げます。

有川　淑恵

著者 **有川 淑恵**（ありかわ よしえ）

看護師、助産師資格取得後、独立行政法人国立病院機構京都医療センター、恩賜財団母子愛育会総合母子保健センター愛育病院を経て、東京医科歯科大学病院に勤務。2017年聖路加国際大学教育センター認定看護師教育課程修了、日本看護協会不妊症看護認定看護師取得、現在に至る。妊娠を希望するカップルや家族を対象に、不妊治療だけでなく、その先の妊娠・出産・育児をふまえた情報提供や治療の選択について看護相談を行っている。また最近は、若年がん患者の妊孕性（妊娠する力）温存治療についても積極的に介入し、将来子どもを授かるか、授からないかを患者・家族とともに意思決定ができるように支援している。

<資格> 助産師
不妊症看護認定看護師
日本生殖医学会認定生殖医療コーディネーター
日本がん・生殖医療学会認定がん・生殖医療ナビゲーター
日本思春期学会認定性教育認定講師

参考文献


- 「ARTデータブック」（日本産科婦人科学会）
- 「生殖医療の必修知識2020」（日本生殖医学会）
- 「生殖医療Q & A」（日本生殖医学会）
- 「学校医と養護教諭のための思春期婦人科相談マニュアル」（日本産婦人科医会）
- 「女と男のディクショナリー HUMAN＋」（日本産科婦人科学会）
- 「不妊治療と仕事との両立サポートハンドブック」（厚生労働省）
- 「乳幼児期の性に関する情報提供——保健師や親子に関わる専門職のための手引き」（厚生労働省 令和3年度子ども・子育て支援推進調査研究事業における「保健師等による幼児等低年齢児の保護者に対する効果的な性教育方法に関する調査研究」検討委員会）
- 『ぼくのはなし』和歌山静子 さく（童心社）
- 『わたしのはなし』山本直英・和歌山静子 さく（童心社）
- 警視庁HP／大阪府警察HP／奈良県警察HP



STAFF

装丁・本文デザイン 東京100ミリバールスタジオ DTP 松川直也
イラスト クリモト（kikii） 松本麻希 校正 くすのき舎
編集協力 コバヤシヒロミ

# 子どものドキッとする性の質問にちゃんと答えるBOOK

2023年7月10日 第1刷発行

著者 有川淑恵
発行者 永岡純一
発行所 株式会社永岡書店
〒176-8518 東京都練馬区豊玉上1-7-14
代表：03（3992）5155 編集：03（3992）7191

印刷 横山印刷
製本 ヤマナカ製本

ISBN978-4-522-43970-8 C2037